经济实力运用研究

张晓通 著

中国商务出版社
·北京·

图书在版编目（CIP）数据

经济实力运用研究 / 张晓通著. — 北京：中国商务出版社，2022.12
　　ISBN 978-7-5103-4486-2

　　Ⅰ.①经… Ⅱ.①张… Ⅲ.①经济实力－研究 Ⅳ.①F113.8

中国版本图书馆CIP数据核字(2022)第188548号

经济实力运用研究
JINGJI SHILI YUNYONG YANJIU

张晓通　著

出　　版：	中国商务出版社
地　　址：	北京市东城区安外东后巷 28 号　邮　编：100710
责任部门：	教育事业部（010-64243016）
责任编辑：	刘姝辰
总 发 行：	中国商务出版社发行部（010-64208388　64515150）
网购零售：	中国商务出版社考培部（010-64286917）
网　　址：	http://www.cctpress.com
网　　店：	http://shop595663922.taobao.com
邮　　箱：	349183847@qq.com
排　　版：	德州华朔广告有限公司
印　　刷：	北京明达祥瑞文化传播有限责任公司
开　　本：	710 毫米 × 1000 毫米　1/16
印　　张：	8
字　　数：	118 千字
版　　次：	2023 年 6 月第 1 版
印　　次：	2023 年 6 月第 1 次印刷
书　　号：	ISBN 978-7-5103-4486-2
定　　价：	65.00 元

凡所购本版图书有印装质量问题，请与本社印制部联系（电话：010-64248236）

版权所有　盗版必究（盗版侵权举报可发邮件到邮箱：1025941260@qq.com 或致电：010-64515151）

目 录

导言 1

第一章　经济实力运用：概念和理论 11
 一、经济实力运用的概念 13
 二、经济实力运用理论的构建 24

第二章　经济实力运用范式的历史变迁 35
 一、古典重商主义时代（15—18世纪） 40
 二、古典自由主义时代（1846—1870年） 44
 三、帝国主义时代（1871—1914年） 47
 四、启示 50

第三章　美国的经济实力运用 51
 一、英国霸权背景下美国的经济实力运用（1775—1898年）...... 55
 二、美国霸权背景下的美国经济实力运用（1898—2008年）...... 60
 三、其他大国崛起背景下美国的经济治国方略（2008—2020年）... 75
 四、美国经济治国方略和经济实力运用的范式演变 75

第四章　欧盟的经济实力运用 81
 一、为什么欧盟现在要强调经济实力运用？ 85
 二、欧盟实施经济治国方略和经济实力运用的先天不足及其补救策略
  89
 三、欧盟经济实力"工具箱"的更新 99
 四、经济实力运用视角下欧盟对外政策的历史 107

后记 119

导言

一个国家如何实现崛起？历史经验告诉我们，首先是经济上的崛起，其次是将经济实力转化为国际影响力。经济实力运用（economic statecraft）研究就是探求一国如何增加和利用经济实力成长为强国，并维持大国地位的经世致用之学。

近年来，经济实力运用问题研究正在成为显学，尤其是在美国。美国的主要智库和相关高校，纷纷启动了相关研究项目和倡议。例如，美国大西洋理事会于2021年12月1日启动了"经济实力运用研究倡议"[1]。得克萨斯州农工大学布什政府与公共服务学院则于2021年年底启动了"经济实力运用研究项目"[2]。美国海军分析中心（CNA）启动了"中国与印太地区经济实力运用研究倡议"[3]。美国新安全中心（CNAS）则启动了"能源、经济与安全项目"[4]，也在研究经济实力运用的方略。美国之所以这么重视经济实力运用问题，主要出于两方面考虑：一是重振美国经济，维系美国在国际上的领导地位；二是利用美国发达的经济实力和金融工具，服务其外交和军事目的。

近两年来，欧洲方面也开始研究经济实力运用问题。例如，欧洲对外关系委员会（ECFR）已经启动相关研究项目。[5]欧盟方面之所以开始研究经济实力运用问题，主要是受到新型冠状病毒（以下简称新冠）疫情、乌克兰危机的刺激，越发意识到自身的贸易政策与外交、安全政策脱节，亟欲加强经济工具和外交安全工具之间的协调和联系。

就中国而言，经济实力运用研究发轫于经济外交学。中国经济外交研究于20世纪90年代开始兴起，至2013年全国范围的经济外交研究会成立，其

---

[1] Atlantic Council, "Economic Statecraft Initiative", https://www.atlanticcouncil.org/programs/geoeconomics-center/economic-statecraft-initiative/.

[2] Economic Statecraft Program, https://bush.tamu.edu/economic-statecraft/what-is-economic-statecraft/.

[3] Centre for Naval Analyses, "THE CHINA AND INDO-PACIFIC ECONOMIC STATECRAFT INITIATIVE", https://www.cna.org/centers-and-divisions/cna/cip/china-studies/cip-economic-statecraft-initiative.

[4] Centre for a New American Security, "Economic Statecraft", https://www.cnas.org/research/energy-economics-and-security/economic-statecraft.

[5] European Council on Foreign Relations, "Economic Coercion", https://ecfr.eu/europeanpower/economic-coercion/.

间涌现出大量优秀的研究成果，涌现出一大批优秀的学者，培养了大批的人才。在2012年前后，经济外交研究中出现了一个新的研究转向：一些学者观察到"中国经济实力上升，处境却变差"的悖论，于是将经济外交定义为"财富与权力的转化"，开始研究经济实力转化的战略、策略及转化机制[①]。这批学者自觉或不自觉地拓展了经济外交的研究视野，将经济外交的研究视域从外交拓展到大国治国理政的方方面面，聚焦于一国财富端和权力端的互动，并从大历史的视角探究大国财富供给与大国兴衰的关系。这一经济外交研究的"实力运用转向"是对传统经济外交研究的一个延伸和补充。

之所以会出现上述的"实力运用转向"和关注财富向权力的转化，主要也是源于中国在2013—2014年开始面临的国内外形势。当时的背景是中国经济增速明显放缓，经济端向权力端的供给出现压力。2014年以后，国内就有学者开始担心"战略透支"[②]和"战略冒进"[③]的问题。实际上，财富与权力永远是一对矛盾。在大国崛起的过程中，权力端的需求旺盛，财富端就需要源源不断地供给权力端。但财富毕竟是稀缺资源，一旦出现"战略透支"，一国崛起就会受挫。这里的关键是如何确保财富供给的可持续性。尽管中国和美国都开始越来越多地关注经济实力运用问题，但美国首先关注的是财富向权力转化的问题，即经济实力如何转化为权势；而中国这些年来，首先还是关注经济的可持续发展，其次才是经济实力的运用问题。这与美国形成了对比。当前美国经济实力运用研究首先着重于研究将财富转化为权力的路径和方法。这在很大程度上是源于美国经济制裁、出口管制、外资审查等法律工具的高度发达。

为什么当前和未来的阶段尤其要加强经济实力运用研究？因为这是全世界形势发展的迫切需求。经济实力运用方略的研究不是某一国的专利，亦不

[①] 张晓通、王宏禹、赵柯：《论中国经济实力的运用问题》，《东北亚论坛》2013年第1期，第91-98页；张晓通：《中国经济外交理论构建：一项初步的尝试》，《外交评论》2013年第6期，第49页；赵柯：《试论大国经济外交的战略目标——美国经济外交与大英帝国的崩溃》，《欧洲研究》2014年第4期，第63-75页；张晓通：《探索中国特色的大国经济外交》，《欧洲研究》2014年第4期，第76-87页。

[②] 时殷弘：《传统中国经验与当今中国实践：战略调整、战略透支和伟大复兴问题》，《外交评论》2015年第6期，第57-68页；刘丰：《战略透支：一项概念分析》，《战略决策研究》2017年第3期，第25-30页。

[③] 阎学通：《中国应明确国家利益排序，防范战略冒进》，《战略决策研究》2017年8月3日。

是某一批学者躲在象牙塔里研究的"奢侈品"学问、阳春白雪，而是世界各国在面临逼仄形势时不得已而开展的研究。2016年以后，世界大变局加速发展，英国脱欧，特朗普上台；2018年中美贸易摩擦；2020年新冠疫情全球蔓延；2022年乌克兰危机爆发，国家间关系越发紧张，经济民族主义和逆全球化力量上升，"脱钩""新冷战"甚至核战争的风险越来越大。大国间的竞争在传统安全领域之外也越来越多地外溢到经济贸易、高科技、治理等领域。在此背景下，国家间围绕财富和权力的竞争越来越激烈。

在一个国家内部，财富供给和权力需求之间的张力越来越大，财富供给不足导致大国越发通过权力方式向外拓展，从而引发大国间的地缘政治博弈。新冠疫情和乌克兰危机爆发后，世界经济逐步陷入较大的衰退，财富与权力之间的紧张关系几乎成了全球现象，给各国的治国理政带来空前的压力，大国竞争的核心转变成治国理政模式的竞争。笔者越发感觉有必要提出经济实力运用这一新的研究议题和研究议程，以期能够系统、全面、辩证和历史地研究财富和权力两者之间的关系。

虽然美欧学者和智库专家已经对经济实力运用开始了前期的探索，但目前的研究在很大程度上还是基于各自国内的具体情况，而且有一种高度工具化的倾向，其学术理论和历史研究严重不足。本书将针对性地弥补其不足。

本书的主要观点如下。

第一，什么是经济实力运用研究？经济实力运用研究是一国在特定时代条件下，增加和运用经济实力以求获得、维持大国地位，实现本国繁荣稳定的经世致用之学。其核心是一国财富与权力之间的转化关系；在此基础上，探求一国经济与政治、外交战略之间的协调发展，对经济和权力资源予以统一、综合的战略管理。

第二，什么是经济实力运用的过程？经济实力运用，包括财富生产、财富汲取和财富转化3个环节。财富生产指的是一国经济的发展以及如何实现可持续发展。财富汲取指的是政府收入的征集和支出，以及政府干预经济的职能及行为。财富转化指的是财富向国际影响力和权势的转化。

第三，谁是经济实力运用的主角？经济实力运用的主要行为体是国家。

但通常情况下，一国政府内部存在职权分割、各管一摊的问题，不同部门往往因职能所限，缺乏全局意识和行动能力。只有国家领导人、更高层级的协调机构和高级政策顾问才可以统筹全局，有通盘联系的大局视野。经济实力运用最理想的实施主体是能够统筹全局的领导人——首先是国家元首、政府首脑，其次是财政部长、经济部长、贸易部长、内政部长等。实施主体在运用经济实力时，面临打破国内利益藩篱和对外谈判的双层博弈。除国家外，我们亦需要认识到，阶级、利益集团、大公司亦是经济实力发挥作用的参与者；他们通过各自的方式参与并试图对一国经济实力的运用施加影响。

第四，什么是西方世界经济实力运用的主要范式？自近代以来，西方世界出现过3种经济实力运用的范式，分别是重商主义、自由主义和帝国主义。不同范式项下，会有一些变体。例如，美国在第一次世界大战后发展出的自由制度主义和20世纪80年代提出的新自由主义。

第五，一个大国崛起的关键是什么？纵观历史，一个大国能否崛起，关键看4个方面。

一是看经济实力运用过程当中财富战略的创新。经济实力运用范式变迁的根本动力是生产力的发展，是科技进步、产业革命。一个能够最终崛起的大国必然采取了新式的财富战略，即获得了新的生产力，大幅提高了生产效率，以及能够更加有效地汲取和动员经济实力。例如，重商主义相较于中世纪封建制度而言，是一种新的财富生产和汲取方式。自由主义之所以能最终取代重商主义，是因为17世纪末科学的进步和开始酝酿的产业革命。当前中美的战略竞合，根本上是财富战略的竞合，竞争的核心是谁能获得更高的生产力和更具韧性的供应链、价值链和创新链。

近代以来，西方世界出现过3个霸权：17世纪中叶的荷兰、19世纪中叶的英国和20世纪中叶的美国。霸权是指在经济、政治和意识形态领域都占据统治地位，但无一例外的是，这些霸权的基础都是经济上的领先优势（economic supremacy）。这包括3个阶段：第一阶段，霸权国在生产效率方面超过竞争对手；第二阶段，生产效率上的优势使得该国的商人可以建立商业优势；第三阶段，该国的银行家们能在世界经济体系中占据统治地位①。

二是看经济实力运用过程当中权力战略的创新。一个成功崛起的大国必然采取了新式的权力战略，即在财富向权力转化的方式、策略、技艺上出现了创新，从而大幅提高了转化效率，改进了转化的效果。例如大英帝国扩张的方式，实际上是英国人不断地寻求最省力的方式在全球范围内追逐利益②。再看第二次世界大战后的美国，先是通过自由制度主义的方式建立了全球层面的多边政治经济秩序，然后通过新自由主义的方式赢得了冷战。第二次世界大战后的欧洲则是通过一体化、打造经济共同体、发挥非军事化的"民事力量""规范力量"，迅速崛起为世界一极，并实现了欧盟域内的和平。但欧盟在财富向权力转化时的效率不如单个大国，其内部损耗和掣肘相对更多一些。

三是看财富与权力之间能否顺利和有效率地实现转化。美国国际问题学者和媒体评论家法利德·扎卡利亚（Fareed Zakaria）提出过一个问题：19世纪下半叶，美国从内战中解脱出来，跻身工业强国之列，成为世界上富裕的国家，但为什么美国迟迟没有扩张？在19世纪90年代之前，美国奉行相对孤立主义的方针，在实力与利益之间存在极其不寻常的鸿沟竟达30年之久③。这也是经济实力运用研究中的一个核心问题，即财富与权力之间的关系。是什么因素促进或阻碍着国家将经济实力转化为国际权势？在什么条件下财富会大规模地向权力转化？这种转化是如何发生的？扎卡利亚的理论解释是"政府中心型现实主义"④。扎卡利亚提出，美国历届总统和他们的国务卿一再试图将国家的上升力量转化为海外影响，但他们管理着一个联邦形式的政府结构和弱小的官僚体系，无法自由地从州政府和社会获得人力和财力……在此期间，总统的权力处于历史最低点……而且内战结束后，美国空前的国家债务助长了一种国家破产和衰弱的普遍意识，从而加剧了这种紧

---

① Colin Flint and Peter Taylor, *Political Geography: World-Economy, Nation-State and Locality*, 7th Edition (London and New York: Routledge, 2018), p. 53.
② 约翰·达尔文:《未终结的帝国：大英帝国，一个不愿消逝的扩张梦》，冯宇等译，中信出版社，2015，第11-12页。
③ 法利德·扎卡利亚:《从财富到权力》，门洪华等译，新华出版社，2001，第5-6页。
④ 法利德·扎卡利亚:《从财富到权力》，门洪华等译，新华出版社，2001，第10页。

张局势。美国是一个独特的强国——国家强大但政府弱小。但这种情况在19世纪晚期发生了迅速的变化。扎卡利亚指出，19世纪80年代和90年代标志着美国现代政府体制的开始。其崛起基本与工业化带来的国内压力相互影响。国家经济增长之迫切与国会寻求最高权力企图的崩溃，赋予联邦政府更加集权、更少政治性且具有理性的结构，总统的权威得到了加强[①]。由此可见，中央权威对财富与权力之间的高效率转化至关重要。

四是看其财富-权力战略是否可持续，即财富与权力之间的转化是否能够达到一种动态均衡。一旦失去平衡，就会导致财富供不应求，出现"战略透支"或类似日本偷袭珍珠港式的"战略冒险"，从而导致崛起失败和大国衰落。历史上的西班牙、德国、日本、苏联都曾出现过此类现象。英美则处理得相对好些，即使出现短期的透支，长期还是能够达到一种均衡状态，从而维持其霸权地位。大英帝国的霸权从18世纪末开始，到第二次世界大战后终结，维系了160年。美国的霸权从19世纪末崛起，到目前为止，也已经长达120年。第二次世界大战中的美国，国防开支超过40%，非但没有出现"战略透支"，反而通过"民主兵工厂"的方式一举克服了20世纪30年代的大萧条，跃升为新的世界霸权。自1946年开始，美国国防开支GDP占比迅速回落到10%的水平，大量军工科技和产能转为民用，奠定了美国坚实的经济基础和创新能力。这与苏联形成了鲜明的对比。

从经济实力运用的角度来看，霸权衰落只是表象，美国最主要的问题不是霸权衰落，而是在于其财富-权力结构，这一个深层次的问题。多年来，美国靠权力供给财富，但这构成了一个财富-权力的悖论，即权力越是供给财富，财富就不断扩张，要求更多的权力，结果是更多的军事扩张和冒险，导致需要更多的财富。如此往复不止，导致美国霸权的脆弱均衡。这种均衡一旦被打破，美国霸权就会衰落。由此可见，经济实力运用的关键是适度和中庸，对财富与权力进行可持续的战略管理。

本书的基本结构如下：

第一章介绍经济实力运用的概念和理论。

[①] 法利德·扎卡利亚：《从财富到权力》，门洪华等译，新华出版社，2001，第12-14页。

第二章对近代到第一次世界大战以前主要大国经济实力运用方略的历史实践进行了梳理，从意大利的城邦国家到荷兰、英国、德国、俄罗斯、日本、美国，总结出近代以来经济实力运用的三大历史范式，分别是古典重商主义、古典自由主义和帝国主义。

第三章和第四章是案例，分别对美国和欧盟的经济实力运用方略进行了案例研究。

后记则记录了笔者和志同道合者对经济外交和经济实力运用研究的求索。

第一章 经济实力运用：概念和理论

英文词"economic statecraft"在中文当中很难找到与之相对应的词，我们经过深入思考和反复比较，将其译为"经济实力运用"或者"经济治国方略"。对于这两种译法，笔者在下面行文中会交替使用，但以"经济实力运用"译法为主。之所以要保留"经济治国方略"这种译法，主要是为了强调经济实力的根源在于一国的治国理政。只有治国理政成功了，一国才能稳定、持续地对外运用经济实力。实际上，在英文当中，"economic statecraft"的内涵与外延不断变化，在不同时期有不同的内涵，因此有必要在本书的第一章对其概念进行辨析，回顾既有理论，并在批判既有理论的基础上探求理论创新。

一、经济实力运用的概念

（一）经济实力运用概念缘起

通过国际学术搜索引擎搜索发现，"economic statecraft"第一次出现是在英国新古典学派经济学家阿尔弗雷德·马歇尔1890年版的《经济学原理》一书中，原文是："亚当·斯密知道那些自诩为经济治国方略大师们的弱点与腐败。[①]"从上下文来看，马歇尔这里说的"经济治国方略"指的是"重商主义"。"重商主义"的概念由亚当·斯密最早提出。在亚当·斯密的《国富论》第四篇"论政治经济学体系"中阐述了"重商主义"这一概念[②]，鼓励出口和抑制进口是"重商主义"提出的富国的两种主要手段[③]。

1918年，英国政治家兼学者威廉·史蒂芬·桑德斯（William Stephen Sanders）在其《泛日耳曼社会主义》一书中阐释了德国的经济实力运用方略。他指出，德意志民族发明了一种经济实力运用方略，其目的是构筑德国的贸易、商业和产业，以此来提升德国作为一支有着全球野心的军国主义力量的权力和名望。威廉·史蒂芬·桑德斯提出国家不是退居二线的守夜

---

① Alfred Marshall, *The Principles of Economics*, Macmillan, 1890, p.41.
② 亚当·斯密：《国富论》，唐日松等译，华夏出版社，2005，第307-494页。
③ 亚当·斯密：《国富论》，唐日松等译，华夏出版社，2005，第324页。

人，而是经济、政治领域的主要组织者和控制者[①]。1922年，英国政治思想家、经济学家和帝国主义评论家约翰·A.霍布森在《英国对欧洲的经济展望》一文中，批评英国在经济实力运用方面犯了3个致命错误：一是政治和经济上肢解奥匈帝国；二是抵制苏维埃俄国；三是逼德国还债[②]。1951年卡内基和平基金会名誉主席詹姆斯·肖特维尔（James Shotwell）在《论威尔逊的领导》一文中指出，威尔逊的经济实力运用方略主要包括关税政策以及在巴黎和会上要求德国赔偿[③]。1961年，日裔美国后凯恩斯学派经济学家肯尼斯·栗原（Kenneth K. Kurihara）在《混合经济治国方略和民主捍卫》一文中指出，"经济治国方略"（economic statecraft）指的是国家对经济的管理方式，"混合经济治国方略"（mixed economic statecraft）指的是尊崇凯恩斯主义，强调政府作用的混合经济学思想，是介于自由放任和威权计划经济之间的治国理政模式[④]。1960年澳大利亚经济学家道格拉斯·科普兰（Douglas Copland）指出，"在现代世界中，经济治国方略的前提必须是增长，任何对此害怕或狐疑的人，都将被历史前进的步伐所抛弃"[⑤]。

从上述百余年的学术史梳理中我们可以看到，西方世界在19世纪末甚至更早就开始使用"economic statecraft"一词。"economic statecraft"至少可以指代4样东西：一是重商主义（如马歇尔在《经济学原理》一书中所提及的）；二是凯恩斯的混合经济学；三是国家通过经济政策提升权力和名望的战略（如《泛日耳曼社会主义》一文）；四是以经济手段实现外交和战略目的（如约翰·A.霍布森）。这也就是为什么笔者主张"economic statecraft"应该有两种译法："经济治国方略"和"经济实力运用"。当"economic statecraft"指代重商主义、混合经济学时，中文译为"经济治国方略"更符

[①] VM Stephen Sanders, *Pan-German Socialism* (London: W.H. Smith & Son, 1918), p. 12.

[②] John A. Hobson, "Britain's Economic Outlook on Europe", *Journal of Political Economy*, August 1922, No. 4, Vol. 30, p. 483.

[③] James T. Shotwell, "The Leadership of Wilson", *Current History*, November 1951, Vol. 21, No. 123, *united states foreign policy*, pp. 263-264.

[④] Kenneth K. Kurihari and Kenneth K. Kurihara, Mixed Economic Statecraft and Democratic Safeguards, *Social & Economic Studies*, June 1961, Vol. 10, No. 2, pp. 223-228.

[⑤] Douglas Copland, "Economic Problems for New Zealand in an Expanding Economy." Industrial Development Conference, Wellington, June 1960.

合中国人的语言习惯；当"economic statecraft"指代"国家通过经济政策提升权力和名望的战略""以经济手段实现外交和战略目的"时，中文译为"经济实力运用"显然更为合适。进一步说，在中国的传统语境当中，"经济治国方略"主要指的是治国理政，"经济实力运用"更侧重经济外交。

1985年是经济实力运用研究划时代的一年。这一年，美国政治学学者大卫·鲍德温（David Baldwin）的《经济实力运用》（*Economic Statecraft*）一书出版。在他之前，经济实力运用研究的内涵和外延可以说是模糊和变动不居的。大卫·鲍德温是西方世界第一个对经济实力运用概念进行明晰定义和尝试理论构建的一位学者。他几乎是凭一己之力构建了经济实力运用研究的理论分析框架。大卫·鲍德温在《大英百科全书》"经济实力运用"词条中，将经济实力运用定义为"通过经济工具追求外交政策目标"[①]。在《经济实力运用》一书中，他给经济实力运用下了一个更加学术化也非常拗口的定义：所谓经济实力运用，指的是"基于资源获取影响力的尝试，这里的资源基本上可以用以货币计价的市场价格来衡量"[②]。

《经济实力运用》一书出版于1985年。大卫·鲍德温看到、思考和亲身经历过的，是20世纪70年代阿拉伯世界对西方世界的石油禁运，是美国为抗议苏联入侵阿富汗而对苏联实施的粮食禁运等一系列政经交杂的事件。在这些事件中，经济资源被当作国际政治斗争的工具和武器。在大卫·鲍德温对经济实力运用的定义中，经济被视为外交政策的一种手段和工具，经济实力的运用是经济资源向外交影响力的单向转化。在大卫·鲍德温著作出版后，经济实力运用的概念逐渐为美国政策制定者所接受，并开始缓慢地进入美国政策制定者的官方政策用语中。其标志性的时间节点是2011年10月14日美国时任国务卿希拉里·克林顿（Hillary Clinton）在纽约经济俱乐部做的经济实力运用主旨演讲。演讲中，希拉里·克林顿对经济实力运用的政

[①] David Baldwin, "Economic Statecraft", Britannica, https://www.britannica.com/topic/economic-statecraft.

[②] Economic statecraft refers to "influence attempts relying on resources which have a reasonable semblance of market price in terms of money", see David Baldwin: *Economic Statecraft*（Princeton NY: Princeton University Press, 1985）, pp. 13-14.

策手段与目标进行了拓展，阐释经济实力运用由两部分组成：一部分是利用武力和使用全球经济工具来加强美国外交和海外存在；另一部分是通过外交和海外存在来促进美国国内经济增长[①]。与大卫·鲍德温不同，希拉里·克林顿对经济实力运用的理解是经济与外交影响力之间的双向转化，是财富与权力关系的"双车道"。换言之，希拉里·克林顿将经济实力运用的概念拓展为"经济服务外交"与"外交服务经济"两个维度。

（二）经济实力运用与经济外交概念之比较

与美国偏好使用经济实力运用（economic statecraft）概念不同，中国、欧盟、日本在描述经济与外交相互关系时，习惯使用经济外交（economic diplomacy）一词。这种差异出现的原因是什么？笔者曾与美国驻华使馆外交官们讨论过"economic statecraft"的译法，他们认为经济实力运用与经济外交可以通用[②]。实际上，在大卫·鲍德温那本书出来之前的很长一段时间，美国长期使用经济外交一词，而不使用经济实力运用[③]。即使在大卫·鲍德温

[①] Hillary Clinton, "Economic Statecraft Speech", Economic Club of New York, New York City, October 14, 2011.

[②] 笔者采访美国驻华使馆外交官，北京，2012年4月。

[③] Economic diplomacy first appeared in the American academic journal in 1959, when Robert B. Wright, Chief of Economic Defense Division of Department of State of the US., published a paper titled "American Economic Diplomacy and the Soviet Bloc" in Social Science for October 1959, see: Robert B. Wright, "American Economic Diplomacy and the Soviet Bloc", Social Science, Vol.34. No.4 (October 1959), p. 200. In the 1960s, there is a slowly growing publications on economic diplomacy. The examples include: "The Challenge of Coexistence: A Study of Soviet Economic Diplomacy" by Milton Kovner in 1961, "Heir to Empire: United States Economic Diplomacy (1916-1923)" by Carl P. Parrini in 1969, and "Herbert Hoover and Economic Diplomacy: Department of Commerce Policy, 1921-1928" by Joseph Brandes in 1970. 1970s witnessed a mild increase of publications on economic diplomacy. It seems that economic diplomacy was mainly interested by American diplomatic historians. The representative works include "Anglo-American Corporatism and the Economic Diplomacy of Stabilization in the 1920s" by Carl Parrini in 1978, "Economic Diplomacy: The export-import bank and American foreign policy, 1934-1939" by Frederick C. Adams in 1976, and "Informal Entente: The Private Structure of Cooperation in Anglo-American Economic Diplomacy, 1918-1926" by Michael J. Hogan in 1977. The only exception is Samuel P. Huntington's Foreign Policy piece "Trade, Technology, and Leverage: Economic Diplomacy" in 1978, who is a political scientist.

《经济实力运用》一书出版之后,美国官方还是一直在使用经济外交一词[1]。但在2011年希拉里·克林顿提出经济实力运用政策后,美国官方、智库界就较少使用经济外交概念,而开始大量使用经济实力运用概念了[2]。经济实力运用之所以受到希拉里·克林顿国务卿和相当一部分美国学者和官员的青睐,据荷兰国际关系研究所资深研究员马伊克·海基门斯(Maaike Okano-Heijmans)解释,主要有两方面原因:一是美国越来越重视外交中的经济因素,希拉里·克林顿将经济实力运用方略提升为美国外交政策的支柱之一,提出"美国经济的进步依赖外交,而外交的进步依赖经济"[3];二是经济实力运用概念更重视权力作用,而经济外交概念相对而言,不那么强调权力作用[4]。

中国和欧洲之所以偏好使用经济外交一词[5],实际上反映了中美欧对权力概念的不同看法、理解和运用。相较而言,美国最为强调权势(power),美国战略界最关注经济实力运用当中经济资源与影响力之间的转化,经济实力运用方略越来越成为美国大战略的核心组成部分。中国与欧洲强调外交谈判的过程,不喜欢以势压人、以力压人。欧洲研究经济外交的代表人物是英国前外交部经济事务局局长尼古拉斯·贝恩爵士和伦敦政治经济学院的史蒂芬·伍尔考克教授。他们以伦敦政治经济学院为主要舞台,从1999年起开设了经济外交课程。他们将经济外交定义为"国际经济关系决策的过程",强调经济外交包含两个相互关联和互动的过程:一个是围绕国际经济问题的国内决策过程,另一个是对外的国际谈判过程[6]。由此可见,尼古拉斯·贝恩爵士和史蒂芬·伍尔考克教授在研究经济外交时,主要是关注经济外交

---

[1] E. Anthony Wayne, "U.S. Economic Diplomacy: Priorities and Concerns", *Houston World Affairs Council Corporate Briefing*, Houston Texas, January 13, 2006.

[2] Matthew P. Goodman, "Trump's Economic Statecraft: the First 1,000 Days", CSIS Newsletter, April 27, 2017; Joshua Kirshenbaum, "Economic Statecraft toward China from Trump to Biden: More Continuity than Meets the Eye", German Marshal Fund, June 23, 2021.

[3] Hillary Clinton, "America's Pacific Century", *Foreign Policy*, October 11, 2011.

[4] Maaike Okano-Heijmans, *Economic Diplomacy: Japan and the Balance of National Interests*, (Martinus Nijhoff Publishers, 2013), p.18.

[5] Florence bouyala imbert, "EU economic diplomacy strategy", Policy Department of Directorate-General for External Relations, European Parliament, March 2017.

[6] Nicholas Bayne and Stephen Woolcock, co-eds., "New Economic Diplomacy: Decision-Making and Negotiation in International Economic Relations", 4th Edition (London and New York: Routledge), 2017, p. 1.

的过程、机制，并不那么重视经济外交谈判过程中内藏的权力运用和转化。很明显，这个有关经济外交的定义深受罗伯特·普特南"双层博弈模型"（Two-Level Game）的影响。实际上，尼古拉斯·贝恩爵士和罗伯特·普特南是很好的朋友。两人相互启发，对罗伯特·普特南推进和完善有关"双层博弈模型"有很大的裨益[1]。两人还共同完成了一本有关七国峰会的书，书里运用的就是"双层博弈模型"[2]。

（三）对经济实力运用概念的剖析与批判

目前，国内学界对"economic statecraft"的理解和译法存在诸多分歧。笔者看到的译法包括"经济治国术""经济权术""经济谋略""经济治略""经济方略""经济治国方略""经济国策""经济治道"等。坦率地讲，上述所有的译法都是有利有弊，都无法完全涵盖英文词"economic statecraft"的内涵与外延。笔者最初选择的译法是"经济治国术"，但最终还是选择了经济实力运用和经济治国方略两种译法。之所以选择经济实力运用的译法，是因为其简洁明了，直接阐明了"economic statecraft"的核心是将经济资源用于外交政策目的，且符合中国人的语言习惯。之所以选择经济治国方略，是因为经济治国方略在中文中是一个比较高雅的词语，而经济治国术则止步于"术"这个相对低级的层次，在中文的话语体系中不入流。但实际上，英文中的"economic statecraft"既有"道"的层次，更有"术"的内容。近年来，西方尤为重视"术"的运用。

为了准确地辨析经济治国方略（economic statecraft）这一概念，我们首先需要了解什么是治国方略（statecraft）。《剑桥词典》将治国方略翻译为"治国理政的技艺"（the skill of governing a country）[3]，还有字典翻译为"政府和外交的艺术"（the art of government and diplomacy）、"开展公共事务的艺术"（the art of conducting public affairs）或者"治理国家的本

---

[1] 尼古拉斯·贝恩：《经济外交官》，张晓通译，中国社会科学出版社，2015，第98-106页。
[2] Robert Putnam and Nicholas Bayne, "Hanging Together: Cooperation and Conflict in the Seven-Power Summits", 2nd Edition (Cambridge: Harvard University Press, 1988).
[3] 详见《剑桥词典》"statecraft"释义：https://dictionary.cambridge.org/zhs/词典/英语/statecraft。

领"（statesmanship）①。《韦氏大词典》翻译为"开展国务的艺术"（the art of conducting state affairs）。英国前首相撒切尔夫人2003年出过一本书，题目是《治国理政：应对变化世界的战略》（*Statecraft: Strategies for a Changing World*）。综上所述，治国方略指的就是治国理政的技术和艺术这两个层次，也包括国内和国际两个层面。

但在当代美国政治学研究中，治国方略的国内层面被研究国内政治的学者抛弃了②。换言之，研究国内政治的学者不再使用"statecraft"一词来讨论美国国内的治国理政，而是用于讨论美国外交。美国国际关系学者麦克·马斯坦杜诺指出，在美国语境中，"statecraft"一词最初是包括国内政治的，但后来仅指国际政治。麦克·马斯坦杜诺将"statecraft"定义为"中央权威机构使用工具为对外政策目标服务"，其可运用的工具有三类，分别是外交的、军事的和经济的。麦克·马斯坦杜诺认为，"经济实力运用方略（economic statecraft）指的是使用经济工具和（经济）关系实现对外政策目标"③。

其次是理解经济治国方略中的"经济"二字。在西方，"经济"（economics）源于统计学（statistics），而统计学（statistics）的词首是"stat"，就是"国家"（state）。所以说，"经济"的治国理政，或者说经济治国方略，指的就是国家扩大财富、治理好国家的学问。在一定程度上而言，经济本身就是一种治国理政，是从个体、国家层面上提升国家实力。这和中国历史上"经济"二字的内涵是一致的。在中国历史语境中，"经济"指的就是经国济世，是一门经世致用之学。

综上所述，美国学者和政策制定者在论及经济实力运用时，有3个特点：一是强调国家，经济实力实施的主角是联邦政府，包括总统、国务卿、财长、商务部部长、贸易谈判代表等内阁级别的高官；二是指运用经济工具为对外政策服务，强调其工具性；三是重视权势的作用。但经济实力运用目前的研究和运用存在3方面的问题：一是太过工具化了，实际上指的是经济

---

① 详见https://www.dictionary.com/browse/statecraft。
② David Baldwin, *Economic Statecraft*（Princeton NY: Princeton University Press, 1985）, p.8.
③ Michael Mastanduno, "*Economic Statecraft*", in Steve Smith, Amelia Hadfield and Tim Dunne, *Foreign Policy: Theories, Actors, Cases*, 3rd Edition（Oxford: Oxford University Press, 2017）.

外交工具的运用，没有上升到战略层面，只停留在"术"的层面，这在大卫·鲍德温《经济实力运用》一书中体现得尤其明显。实际上，大卫·鲍德温最重视的是"经济外交术"研究，而非治国方略。二是大卫·鲍德温大体忽略了"economic statecraft"的国内政治，他自己在《经济实力运用》一书中予以承认和解释[①]。三是美国的"economic statecraft"大体忽略了经济发展和增长部分，主要还是在外交政策框架内理解。

（四）经济实力运用概念重构

在世界范围内，2008年全球金融危机和当前"百年未有之大变局"、新冠疫情、乌克兰危机叠加背景下，地缘经济竞争日趋激烈。在中国经济总量先后超过日本、欧盟成为世界第二，对外直接投资、贸易额已经攀升为全球第一之际，中国亟须回答的问题是如何能够和平崛起。因此，本书提出的经济实力运用的理论命题，旨在探讨大国兴衰过程中，一国财富如何增长，财富又如何转化为权力，以及如何管理财富与权力两者之间的辩证关系。就中国而言，本书尝试回答，在中国从第二成长为第一的过程中应该采取怎样的经济和外交战略，其本质是中国的大战略研究，或者说是大战略的经济面向和"治国理政的对外经济面向"。与过往经济实力运用研究相对狭窄和偏工具化、技术化的定义相较，本书拟将经济实力运用概念的内涵、外延进行提升和扩展。笔者认为，在经济实力运用的定义当中，有4个核心概念需要进一步明晰，从而能够让经济实力运用概念更好地回应当前世界政治经济形势发展和中国崛起需要。这4个核心概念分别是"财富""权力""转化"和"战略管理"。

所谓"财富"，这里主要指的是经济资源。大卫·鲍德温在对经济实力运用定义时，将资源视为获取影响力的主要倚重。大卫·鲍德温认为，资源是一种可以用金钱来计价的、有市场价格的物。在笔者看来，资源具有5个特性：一是可以量化；二是可以转化；三是可以交换；四是代表一种可能性；五是根据《韦氏大词典》的释义，资源代表一种面对和处理特定情势的

[①] David Baldwin, *Economic Statecraft* (Princeton NY: Princeton University Press, 1985), p.5.

能力。除了被视为经济资源外，财富也可以指生产要素，包括土地、劳动、资本、技术、管理、制度等。以制度为例，制度创新可以创造新的财富。制度与传统的生产要素相结合，可以提高财富生产的效率。制度变迁对一国财富有很大影响。

所谓"权力"，按照马克斯·韦伯的经典定义，指的是"在一组社会关系中，一方处于一种优势地位，可以不顾对方抵制推行自己意愿的可能性"[1]。马克斯·韦伯定义中提及的不顾对方反对而依然能够实现自身目标的能力是权力概念的核心。马克斯·韦伯定义的概念延伸到政治学领域，权力指的就是"一方让另一方做另一方原本不愿意做的事"。权力因此就代表一种因果关系[2]。另据《韦氏大词典》，权力指的是"改变或影响其他人行为或事件进程的能力"[3]。除权力的关系性特质外，权力也指实力资源，即物质性权力，如军事实力、经济实力。进攻型现实主义代表人物约翰·米尔斯海默区分了国家的两种权力：潜在权力和军事权力。这两种形式的权力紧密相连，但并不等同，因为它们源自不同类别的资产。潜在权力指的是用来构筑军事权力的社会经济要素。它主要以一国的财富和总的人口规模为基础。大国需要资金、技术和人员来建设军队和实施战争，一个国家的潜在权力是指它与对手竞争时所能调动的潜能总和。然而，在国际政治中，一国的有效权力是指它的军事力量所能发挥的最大作用，以及与对手的军事实力对比的情况。军事权力的基础是一个国家的陆军规模、实力以及与之相匹配的海空力量[4]。

所谓"转化"，指的是将财富转化为权力。如前文定义，权力包括两个层面：一是关系性权力，二是物质性权力，主要是军事实力。大卫·鲍德温提出，判断经济实力运用成功与否主要是看是否能够改变对方国家的相关政

---

[1] Weber M. *The Theory of Social and Economic Organization*, translated and edited by A. M. Henderson and Talcott Parsons, (New York: Oxford University Press, 1947), p.152.
[2] Dahl Robert A. *Modern Political Analysis*, 2nd Edition. (Englewood Cliffs, NJ: Prentice Hall, 1970).
[3] Merriam-Webster Dictionary, Entry of "Power", https://www.merriam-webster.com/dictionary/power.
[4] 约翰·米尔斯海默：《大国政治的悲剧》（修订版），王义桅、唐小松译，上海人民出版社，2014，第62页。

策①。换言之，大卫·鲍德温更重视关系性权力。而本书采取的是折中主义，认为财富可以转化为改变对方行为的结果，也可以转化为物质性权力，尤其是军事权力。

保罗·肯尼迪在《大国兴衰》一书中，详细论述了"财富向权力转化"这个经济实力运用研究中的核心问题。保罗·肯尼迪提出，"世界军事力量对比的所有重大变化，都是随着生产力的变化而变化……胜利通常属于拥有最雄厚物质资源的一方"②。但保罗·肯尼迪同时提醒，"经济繁荣并不总是而且不会直接转化为军事实力，因为这要取决于许多其他因素——从地理、民族志气到军事领导和战术才能"③。在美国南北战争期间，战争最终成了一场消耗战。南方邦联领导人杰斐逊·戴维斯（Jefferson Davis）承认，战争的"量级"已经远远超出了他的预期。"敌人展示出了比我预料的更多的力量、干劲儿和资源。他们的财政能力也远比我想象的强……这样大范围、大规模的战争不可能持续太长时间，战士们肯定很快会被拖垮。"④约翰·米尔斯海默在《大国政治的悲剧》一书中，对德国和苏联的战时经济能力进行了比较，结果发现，苏联的战时经济能力远远超过了德国，即使是在战争初期，苏联遭受军事挫折，德国在苏联大肆攻城略地时，苏联的坦克、大炮生产数量都超过了德国⑤。就是这种经济转化能力奠定了苏联对德国的军事优势。阿瑟·赫尔曼在《拼实业：美国是怎样赢得二战的》一书中，强调了大规模生产能力是美国赢得第二次世界大战的关键。第二次世界大战时美国工人的生产效率是德国工人的2倍、日本工人的4倍。阿瑟·赫尔曼指出，让美国具有高额劳动生产率的不是战争，不是政府指令，也不是极度

---

① David Baldwin, *Economic Statecraft* (New Edition/Princeton NY: Princeton University Press, 2020), p.19.
② 保罗·肯尼迪:《大国的兴衰: 1500—2000年的经济变革与军事冲突》(下)，王保存等译，中信出版社，2012，第178-179页。
③ 保罗·肯尼迪:《大国的兴衰: 1500—2000年的经济变革与军事冲突》(下)，王保存等译，中信出版社，2012，第178-179页。
④ Stoker, The Grand Design, 405.转引自[英]劳伦斯·弗里德曼:《战略: 一部历史》(上)，王坚等译，社会科学文献出版社，2016，第285页。
⑤ 约翰·米尔斯海默:《大国政治的悲剧》(修订版)，王义桅、唐小松译，上海人民出版社，2014，第102-103页。

的民族紧迫感，而是大规模生产的奇迹。一旦它得到解放，便可以超越任何障碍和一切困难。从1940年到1945年，美国的造船厂送入大洋的共有141艘航空母舰、8艘战列舰、807艘巡洋舰、驱逐舰和护航驱逐舰。美国的工厂生产了88 410辆坦克和自行火炮、25.7万门火炮、240万辆卡车、260万挺机枪，以及410亿发子弹[①]。

财富端向权力端的转化要注意避免战略透支，要对财富与权力的转化进行战略管理。所谓战略管理，其核心是综合全面，量入为出。这里的战略管理，指的是明确目标，为实现目标获取资源和方法，在结果、方式、手段三者之间保持平衡。保持这种平衡不仅需要找到实现目标的方法，还需要不断调整目标，以便运用可行的手段发现最现实的成功路径[②]。实施战略管理不是说不可以战略透支。在国家历史发展的某一特定时刻，处于国家独立、统一或重大战争等特定的历史时刻，一国当然可以战略透支[③]。美国历史上国防开支占GDP比重排名前四的阶段分别是南北战争当中1865年的11.73%，第一次世界大战尾声时1919年的21.79%，第二次世界大战结束时1945年的41.52%和朝鲜战争期间1953年的17.4%[④]。但透支后，需要及时汲取新的资源，实现恢复。时殷弘教授倡导基于战略审慎态度的"战略经济"概念[⑤]和张文木教授提出的"战略养生学"[⑥]，都强调国家不可持续透支，要实现财富与权力关系的均衡。

综上所述，我们给经济实力运用下一个不同于大卫·鲍德温的新定义。所谓经济实力运用，指的是一国（中央）政府为获得、维持大国地位，实施财富生产、汲取、动员并将其转化为权力的技艺、战略和过程。其本质是一国对财富与权力的战略管理，追求两者之间的动态均衡。

---

① 阿瑟·赫尔曼：《拼实业：美国是怎样赢得二战的》，李永学译，上海社会科学出版社，2017，第353-355页。
② 劳伦斯·弗里德曼：《战略：一部历史》，王坚、马娟娟译，社会科学文献出版社，2016，第3页。
③ 战略透支指的是一个大国实施超出自己经济、军事能力范围的外交、安全政策。
④ "Defense Spending" 详见http://www.usgovernmentspending.com/defense_spending。
⑤ 时殷弘：《传统中国经验与当今中国实践：战略调整、战略透支和伟大复兴问题》，《外交评论》2015年第6期，第57-68页。
⑥ 张文木：《战略和养生同理》，详见https://www.guancha.cn/ZhangWenMu/2015_12_15_344682.shtml。

二、经济实力运用理论的构建

(一) 理论假设

在一国开展经济外交时,有3个隐含的前提:一是经济资源是相对充足的,甚至是无限供给的;二是经济实力是可以转化的;三是财富与权力的关系是和谐的,或至少是不冲突、不矛盾的。但事实上,这3个前提并不总是存在,因而出现了一国经济外交或对外经济战略实施时的3个限制性条件:首先,经济资源不是充足的,而是稀缺的;其次,经济实力不一定能够转化为对外的权势和影响力;最后,财富与权力是对立统一的关系。对这3个隐含前提的忽视与低估往往是导致经济外交失败的关键。经济实力运用理论就是要研究经济外交所忽视的这3个隐含的前提,即如何实现经济增长、如何汲取经济资源,以及如何实现财富与权力的可持续地相互转化。

对于经济外交的第一和第二个限制性条件,即经济资源是稀缺的,经济实力不一定能够转化,意味着财富与权力之间的关系实际上是矛盾的,并不总能匹配上,即财富的稀缺性与国家对权力追求的无限性之间的矛盾。"稀缺"是指这样一种状态:相较于需求,物品总是有限的。经济学就是研究一个社会如何利用稀缺的资源生产有价值的商品,并将它们在不同的个体间进行分配[1]。对于一个国家而言,财富同样也是稀缺的,当需要大规模动用经济实力时,国家财富未必能供给得上,所以需要"国家经济学"。本书所研究的经济实力运用或者说经济治国方略,都可以视为属于国家经济学的范畴。之所以需要国家经济学或经济治国方略,主要是考虑到古典经济学对国家作用的低估。由于国际社会处于无政府状态,国家间总是存在竞争,大国追求理想、荣光和中心地位,小国希冀生存,所以国家对权力总是渴求的。古典经济学不那么重视国家的作用,将研究层次放在个人和市场。从西方经济学的角度来看,自凯恩斯之后,经济学与政治学就分道扬镳了。古典政治经济学的时代结束了。经济实力运用研究则是要反其道而行之,在经济政策和外交、安全政策之间建立起联系,推动国际政治经济学在政策实操层面的

---

[1] 保罗·萨缪尔森、威廉·诺德豪斯:《经济学》,萧琛等译,商务印书馆,2014,第5-6页。

研究。

对于经济外交实施时的第三个限制性条件，即国家的财富与权力之间存在辩证关系，就意味着财富与权力之间有矛盾，也有互补性，且相互塑造、构建。正如芝加哥经济学派的先驱雅戈布·维纳教授所言，财富和权力是国家政策谱系的两个极端[①]。也就是说，追求财富和权力是国家的两大终极目标，从长远来看，这两个目标是协调一致的，尽管在某些特定场合下，为了军事防卫的需要，也就是为了长远经济繁荣的利益，有必要做出某种经济上的牺牲[②]。推言之，经济实力运用理论要研究的就是财富与权力之间的矛盾关系。笔者的理论假定是：国家财富的相对稀缺性和国家对权力追求的无限性之间存在矛盾；同样，国家权力的稀缺性和国家对财富追求的无限性之间亦存在矛盾。在政治国家中，财富是供给端，权力是需求端。在经济（商业）国家中，财富是需求端，权力是供给端。两者之间的内在均衡是大国兴衰的关键。过往许多大国，其市场主体对财富的需求是巨大甚至无限的，推动这些大国追求更大的权力。例如，大英帝国从非军事帝国主义（所谓"第二帝国""非正式帝国"）演变为军事帝国主义很大程度上是工商业推动的结果。

（二）经济实力运用的研究对象和实施主体

经济实力运用主要的研究对象就是一国中央政府的"财富–权力战略"（Wealth-Power Strategy，WPS）。就财富–权力战略而言，可以分成供给端和需求端。供给端是财富战略，包括财富生产和汲取。需求端是权力战略，包括财富的转化、权力的运用，以及权力向财富的转化。这里的权力既包括在国内行使权力，也包括对外行使权力。国内段的权力行使主要指的是财富动员与汲取。此过程需要国家强制力。而国际段的权力行使主要指的是财富向权力的转化。历史地看，虽然单个战役的胜利与否取决于战斗时使用的策

[①] 雅戈布·维纳：《长远观点与短期观点：经济理论与政策研究》（*The Long View and the Short: Studies in Economic Theory and Policy*），自由出版社，1958，第56页。

[②] 雅戈布·维纳：《长远观点与短期观点：经济理论与政策研究》（*The Long View and the Short: Studies in Economic Theory and Policy*），自由出版社，1958，第56页。

略、火力、勇气和运气，但从长远来看，战争的最终胜利几乎总是属于那些能够将经济实力有效转化为军事实力的一方[①]。

经济实力运用方略是一国（中央）政府为获得、维持大国地位，实施财富生产、汲取、动员，并将其转化为权力的艺术、战略和过程。其实施本质上是一国对财富与权力的战略管理，追求两者之间的内在均衡。有3个方向的经济实力运用：一是通过财富，追求权力；二是通过权力，追求财富；三是财富与权力都是目的，或者都是手段。

经济实力运用（和经济治国方略）的主要行为体就是国家。但通常情况下，一国政府内部不同部门职权分割、各管一摊，往往因见识和职能所限，缺乏全局意识。只有国家领导人、更高层级的协调机构和高级政策顾问才可能统筹全局以观之，有一种通盘联系的大局视野。因此，经济实力运用和经济治国方略最理想的实施主体是能够统筹全局的领导人：首先，是国家元首、政府首脑；其次，是财政部长、经济部长、贸易部长、内政部长等。法国国王路易十四亦娴熟运用经济治国方略，但其仰仗科尔贝等财政能臣。德国总理施密特能娴熟地运用经济实力，他担任过经济部长、国防部长，最终担任总理。他们的共同特点是具有战略思维和统御全局的能力。正所谓"不谋全局者不足谋一域"。行为主体在实施经济治国方略和大规模运用经济实力时，面临打破国内利益藩篱和同时面对国内、国外两张棋局的"双层博弈"。当然，除国家外，我们也要认识到，阶级、利益集团、大公司、高校、智库亦是经济治国方略与经济实力运用的参与者。他们通过各自的方式参与经济治国理政和经济外交。

（三）经济实力运用的步骤与方法

经济实力运用的全过程包括财富的生产、汲取和向权力的转化。

1.财富的生产

所谓财富的生产，指的是一国经济发展以及如何实现可持续发展。在古希腊，殖民、战争、掠夺是古希腊时期财富生产的主要方式。雅典与斯巴达

[①] 约翰.S.戈登：《伟大的博弈：华尔街金融帝国的崛起》，祁斌译，中信出版社，2005，第93页。

财富的获取方式截然不同：雅典是海洋帝国，依靠海外殖民；斯巴达则主要是农耕文明。在古罗马，罗马军队外出讨伐的主要动力是纯粹的经济利益，是为了掠夺战利品和奴隶，借以支撑奴隶制的帝国。因此，罗马的扩张、罗马的强大主要是军事力量的强大。它在扩张的过程中不断地输出军队、掠夺财富[1]。孟德斯鸠写道："罗马的兴起是由于它只能不停地作战。"[2]关于罗马帝国衰落的原因有很多种解释。古罗马历史学家阿庇安（Appianus，约95—约165）指出，古罗马帝国灭亡的一个很重要的原因是奴隶制和大种植园经济不可持续。这种经济方式迫使古罗马帝国需要不断地扩张，以获得新的领土和奴隶，来满足其奴隶制帝国，最终导致古罗马帝国穷兵黩武、穷奢极欲。罗马帝国后期，内部耽于享乐，不得不依靠大量的日耳曼雇佣军，最终毁于日耳曼雇佣军首领手上。在封建社会晚期，教廷面临破产，教皇想到一种新的财富战略，就是出售赎罪券，但出售赎罪券的做法导致天怒人怨，并最终引发以马丁·路德《九十五条论纲》为先导的宗教改革。

再往后，在封建社会向资本主义社会过渡阶段，出现了早期的重商主义者。对于他们而言，财富就是金银；金银也是货币，是财富的主要或唯一的形态。国家一切经济活动的目的，都是获取金银。重商主义认为，财富的源泉有两个：一是金银矿的开采；二是发展对外贸易[3]。与之形成对比，古典自由主义代表人物亚当·斯密则认为，所谓国民财富就是一个国家所生产的商品总量；并且财富的源泉是劳动，是农、工、商等各个部门中的劳动。财富增长的条件或途径主要有两个：一是提高劳动生产率。这就需要加强劳动分工。二是增加工人人数。这就需要增加资本的积累[4]。亚当·斯密反对重商主义，认为重商主义是最影响财富自然发展的[5]。

19世纪德国政治经济学家弗里德里希·李斯特批判亚当·斯密，提出财富产生的原因与财富本身完全不同，据此提出了"生产力理论"。弗里德

---

[1] 陈乐民、周弘：《欧洲文明的进程》，三联书店，2003，第28-33页。
[2] 孟德斯鸠：《罗马盛衰原因论》（中译本），商务印书馆，1984，第110页。
[3] 姚开建：《经济学说史（第三版）》，中国人民大学出版社，2006，第29页。
[4] 姚开建：《经济学说史（第三版）》，中国人民大学出版社，2006，第100页。
[5] 姚开建：《经济学说史（第三版）》，中国人民大学出版社，2006，第120页。

里希·李斯特认为，一个人可以据有财富，那就是交换价值；但如果他没有那份生产力，大于他所消费的价值，他将越过越穷……个人如此，国家更是如此（例如，国家是不能仅仅靠着收租过日子的）。德国过去每一个世纪总要受到疾疠、饥荒或内讧、外战的摧毁，但是它总能很快地恢复到一定程度的繁荣。西班牙原来是既富且强……但总是不能摆脱贫困，而且越陷越深。照耀着西班牙人的是同一个太阳，他们所据有的还是同样的领土，矿藏还是同样的丰富，他们还是与美洲发现以前、与宗教法庭成立以前一样的人民；但是这个国家逐渐丧失了它的生产力，因此日趋贫困[①]。弗里德里希·李斯特说："财富的生产比之财富本身，不晓得要重要多少倍。"向别的国家购买廉价的商品，表面上看起来要合算一些，但是这样的结果导致德国工业的生产力不能获得发展，德国将处于落后、从属于外国的地位。采取保护关税的政策起初会使工业品的价格提高，经过一定时期，生产力提高了，商品生产费用就会跌落下来，商品价格甚至会跌落到国外进口商品的价格以下。因此，"保护关税如果会使价值有所牺牲的话，它却使生产力有了增长，足以抵偿损失而有余"[②]。弗里德里希·李斯特的学说对德国、美国在崛起和赶超阶段产生了很大的影响。

从经济学说史来看，经济治国方略得到各类经济学派的关注，其主要区别在于对政府作用的重视程度存在差异。第一个是自由市场学派，从亚当·斯密开始一直到20世纪60年代的弗里德曼·李斯特。第二个是强调政府调控的学派，以凯恩斯为代表。第三个是供应学派。供应学派其实也是从亚当·斯密开始，一方面主张小政府，寻求市场的配置；另一方面相信供给创造市场，而不是凯恩斯的政府调控市场，供给可以创造市场，供给也可以创造需求[③]。供应学派在经济治国方略领域最主要、最成功的应用是20世纪80年代初，欧洲以撒切尔夫人为代表、美国以里根为代表的供应学派经济改革解决了"滞涨"。欧洲20世纪90年代经济比较好的局面和美国20世纪

[①] 弗里德里希·李斯特：《政治经济学的国民体系》，商务印书馆，2012，第132-133页。
[②] 弗里德里希·李斯特：《政治经济学的国民体系》，商务印书馆，2012，第3页。
[③] "黄奇帆最新发言实录，经济热点全都说透了"详见http://www.cb.com.cn/guojijing/2017_0804/1193222.html。

80年代后期到20世纪90年代希拉里·克林顿时期经济比较兴旺的阶段，包括老布什到克林顿这个阶段，都和里根、撒切尔夫人在20世纪80年代打下的基础有关。得益于美英经济实力的增长，美国拖垮了苏联，打赢了冷战；英国打赢了英阿马岛战争[1]。由此可见，经济实力运用能否成功，在很大程度上要看经济治国方略能否成功，其关键是财富的生产能力。

2.财富的汲取

所谓财富的汲取，指的是政府收入的征集和支出，以及政府干预经济的职能及行为，是公共经济学或者说是政府经济学研究的范畴[2]。财富的汲取一直是西方财政学和后来的公共经济学研究的核心内容。威廉·配第在1662年发表了《赋税论》，分析了国家经费增加的原因、人民对赋税的反对和税收征课的办法，以及国家筹集资金的方式与手段，从而开创了西方财政学的先河。亚当·斯密在《国富论》中也详细谈到了国家财政问题[3]。财富的汲取，在历史上首先是统治者为了巩固统治，后来是为了扩张。例如，在中世纪后期，为了能够维持王权日益扩大的功能，必须想方设法增加税收，欧洲的君主在这个时代都开始普遍地收取营业税和进出口商品税。商业的兴旺和市场的扩大使得商业营业额不断增加，君主们当然不会放过这个收取钱财的机会[4]。财富的汲取是统治者与被统治者、统治精英内部的博弈。在中世纪后期，英国内部王权迅速崛起，贵族们为了保护自己的权益，开始了与王室的分权斗争，出现了限制王权的《大宪章》，为近代的资产阶级民主革命开了先河。法国情况类似。在与英国的百年战争中，法国王室的财政和经济到了枯竭的边缘。王室被迫召集等级会议，交出部分权力，换取贵族对征税的支持。财富汲取除了税收外，还有一个很重要的方面，就是借债，而借债必须依托优质的信誉[5]。当一国财富汲取不足时，必然考虑从国际上获得补充。例如特朗普时期，美国通过发动全球范围的贸易战，提高关税以补足

---

[1] 张敏谦：《美国对外经济战略》，世界知识出版社，2001，第230-232页。
[2] 李春根、廖清成：《公共经济学（第二版）》，华中科技大学出版社，2015，第3页。
[3] 李春根、廖清成：《公共经济学（第二版）》，华中科技大学出版社，2015，第6页。
[4] 陈乐民、周弘：《欧洲文明的进程》，三联书店，2003，第67页。
[5] 保罗·肯尼迪：《大国的兴衰》，中信出版社，2013，第80-82页。

其国内减税后出现的缺口。特朗普的国内政策建立在从其他国家汲取资源的基础之上。

财富汲取的能力关乎朝代兴替。中国历史上著名的王安石变法,很大程度上就属于财富汲取方式的改革,通过青苗法、方田均税法、市易法等,大大增加了国家的财政收入,实现了富国强兵。黄仁宇提及中国税收效率与帝国扩展与收敛关系极其密切①。陈云曾说过,中央的政治权威,要有中央的经济权威作为基础②。1994年,中国启动了分税制改革,国家财政收入汲取能力大幅提升③。财政是中国国家治理的基础和重要支柱。习近平总书记强调:"科学的财税体制是优化资源配置、维护市场统一、促进社会公平、实现国家长治久安的制度保障。"2012—2021年,中国财政支出从12.6万亿元增至24.63万亿元④。

3.财富向权力的转化

大卫·鲍德温对经济实力运用的定义其实就隐含了将财富向国际影响力的转化,只是他没有明确说。"转化"是经济实力运用得以实现的关键战略,也是经济实力运用的应有之义。这里的"转化",指的是一国(中央)政府在对外交往中主观能动地通过战略、策略与制度设计等方式实现财富与权力之间相互转化的行为、艺术以及转化过程⑤。这里所谓的战略,就是行为主体通过调动、培育、组织、运用各种既有力量和潜在力量达成既定目标的一种行动计划⑥。转化战略需要依托各种各样的政策工具予以实现。对此,大卫·鲍德温进行了总结,将经济实力运用的工具分为正面激励工具和负面制裁工具两大类(见表1-1和表1-2)。在大卫·鲍德温提到的经济实力运用工具之外,各国、各主要经济体都在"研发"和"创新"各种类型的经济实力运用工具,实现财富向权力的转化,如欧盟最新"研发"的"国际政府采购

---

① 黄仁宇:《中国大历史》,三联书店,2007,第6-7页。
② 《陈云文选(第三卷)》,人民出版社,1995,第366页。
③ 马骏:《治国与理财》,三联出版社,2007,第58页。
④ 人民日报海外版,"十年来,中国财政支出从12.6万亿元增至24.63万亿元,宏观税负明显降低",2022年5月18日,详见http://www.gov.cn/xinwen/2022-05/18/content_5690937.htm。
⑤ 张晓通:《中国经济外交理论构建:一项初步的尝试》,《外交评论》2013年第6期,第53页。
⑥ 张敏谦:《美国对外经济战略》,世界知识出版社,2001,第8页。

工具""反经济胁迫工具"等。前者指涉的是一国政府如果没有向欧盟开放政府采购市场,那么欧盟就可以对等关闭自己的政府采购市场,其内核是负面对等(negative reciprocity);后者指的是在第三国通过影响贸易或投资的措施试图胁迫欧盟或成员国采取或不采取特定行为时,欧盟可以采取经济反制措施。在一定程度上,经济实力的较量就是经济实力运用工具的较量,更是经济实力运用工具研发能力的较量。经济实力运用工具的研发需要综合考虑一国的经济实力、国内承受能力、国际声誉等。

表1-1 经济实力运用工具：负面制裁

贸易	资本
禁运	资产冻结
抵制	进出口控制
增加关税	暂停援助
关税歧视	征收
撤销最惠国待遇	不利的税收
列入黑名单	拒缴国际组织会费
配额（进口或出口）	威胁采取上述措施
许可证取消（进口或出口）	
倾销	
排他性购买	
威胁采取上述措施	

来源：David Baldwin, *Economic Statecraft* (Princeton NY : Princeton University Press, 1985), p.41.

表1-2 经济实力运用工具：正面激励

贸易	资本
关税偏袒	给予援助
给予最惠国待遇	投资保障
关税削减	鼓励私人资本流入或流出
直接采购	有利的税收
进出口补贴	承诺给予上述激励
给予许可证（进口或出口）	
承诺给予上述激励	

来源：David Baldwin, *Economic Statecraft* (Princeton NY : Princeton University Press,

1985), p.42.

 与此同时,"转化"战略还需要考虑转化的效率和效果问题。约翰·米尔斯海默在《大国政治的悲剧》里面提出了一个问题,即哪种类型的政治经济体制最有利于转化。约翰·米尔斯海默在比较了苏联、美国和德国的经济体制后,认为苏联和美国的经济体制更有利于打赢战争[1]。黄琪轩认为,不同大国的经济成长模式往往会带来不同的国际政治后果。19世纪末20世纪初,为何美国的经济成长没有引发英美两国的强烈对抗,但德国经济的崛起却将英德两国推向战争[2]。实际上,对经济治国方略的研究,很重要的一个方面是"比较经济治国方略研究"(comparative economic statecraft),即研究各国的政治经济体制是否有利于实现财富向权力更高效率、更可持续地转化。

(四) 经济实力运用研究经济治国方略的学术与理论定位

 从西方经济学的角度来看,自凯恩斯后,经济学与政治学就分道扬镳了。古典政治经济学的时代结束了。按照罗伯特·吉尔平的观点,19世纪末,现代经济学之父——艾尔弗雷德·马歇尔在其1890年版《经济学原理》中就不再理会以前经济学家对国家整体的强调,抛弃了政治很重要这种观点,从而大大限制了经济科学的范围[3]。经济实力运用研究/经济治国方略则是反其道而行之,是要回归古典政治经济学的研究风骨和本源,在经济学和政治学之间,在国际政治经济学、经济外交、大战略研究和管理学之间架起一座新的桥梁。

 经济治国方略的理论根基是政治经济学,与政治经济学有着千丝万缕的联系,有时甚至可以说是同义词。约翰·斯图尔特·穆勒说,政治经济学是一门向国家教授致富方法的科学。这些思想家强调国家的财富,"政治"这

---

[1] 约翰·米尔斯海默:《大国政治的悲剧》(修订版),王义桅、唐小松译,上海人民出版社,2014,第103页。
[2] 黄琪轩:《大国经济成长模式及其国际政治后果》,《世界经济与政治》2012年第9期。
[3] 罗伯特·吉尔平:《全球政治经济学:解读国际经济秩序》,杨宇光等译,上海人民出版社,2006,第22页。

个词和"经济"同样重要①。在亚当·斯密的《国富论》中，政治经济学是"关于政治家或立法家的科学的一个分支"，也是对国民经济审慎地进行管理的一个指南。亚当·斯密认为，政治经济学是关于物质财富的生产、分配和消费的规律的科学。随着亚当·斯密主要著作的问世及其德译本的出版，在德国开始发展出一门德国人称为"国家学"（Staatswissenschaft）或者"国民经济学"的政治经济学。德国人认为，"国家学"是一门系统地研究国家应该采取哪些措施和手段来管理、影响、限制和安排工业、商业和手工业，从而使人民获得最大福利的科学②。但经济治国方略和经济实力运用研究就是要探求政治与经济、财富与权力之间丰富、复杂的辩证关系，同时这种探究是要服务于国家的战略和政策制定。在古代，经济治国方略是为君王计，是统治的艺术，是治道。在当代，经济治国方略很大程度上就是治国理政。马克思主义政党尤其需要注重经济治国方略，因为马克思主义的思维方式是经济基础决定上层建筑，经济战略与政治、外交战略的互动密切。但是当前学科分野，缺乏一个整合的分析框架来探讨和解决这一问题，这也就是笔者要创作此书的根本原因。中国的崛起亟须一个将政治、经济、外交、安全、国际关系等学科整合起来的分析框架。接下来我们将从历史的视角探究经济实力运用的范式变迁。

---

① 罗伯特·吉尔平：《全球政治经济学：解读国际经济秩序》，杨宇光等译，上海人民出版社，2006，第22页。
② 中共中央编译局：《马克思恩格斯选集（第一卷）》，人民出版社，2012，第867页。

第二章　经济实力运用范式的历史变迁

自近代以来，西方世界出现过3种经济治国方略和经济实力运用的范式，分别是重商主义、自由主义和帝国主义，并伴有不少变体。这里所谓的经济实力运用，或者说经济治国方略的"范式"，指的是一个较长历史时期内主导国家的财富–权力战略（WPS）。

西方历史上的WPS可以分为3个时段：长时段、中时段和短时段。

第一个是长时段的经济治国方略和经济实力运用的范式。首先是古希腊–古罗马帝国时代，其次是基督教封建时代，再次是民族国家时代。对于古罗马帝国而言，经济与帝国是一个整体性的概念。古罗马帝国的生存之道在于帝国的扩张和帝国广阔疆域的维系。扩张带来更多的奴隶，服务于奴隶制大庄园经济。罗马共和国通过不断地扩张与征服建立了横跨欧亚的古罗马帝国。图拉真时期（Trajan，公元53年—117年），地中海成为古罗马帝国的内湖。古罗马帝国凭借行政机构以及与之联结在一起的军事机构，与帝国内部的分离力量和来自外部的蛮族入侵相抗衡。最终，古罗马帝国因难以维系地方对中央的忠诚和外族入侵而最终解体。奴隶制大庄园经济导致城市两极分化、经济社会不平等，加剧古罗马帝国内部矛盾。因此出现了为广大下层贫苦民众所信仰的基督教，并最终成为古罗马帝国的国教[1]。到了中世纪后期，君主们急于扩张领土，实现内部统一和强化君主专政，把税收作为一种政治主权收归己有。君权和王权至高无上的概念开始出现，封建制特有的相互制约和契约概念被上级权力的概念所取代。教皇、德意志的亲王们，法国、西班牙、英国以及斯堪的纳维亚的君主们，向着中央集权的方向"迅跑"[2]。近代以来，西方有重商主义、自由主义、帝国主义3种经济治国方略和经济实力运用的范式。这些都是体系、全局和长时段层次的范式。

第二个是中时段的经济治国方略和经济实力运用的范式。我们重点来探讨一下他们的财富–权力战略，具体如美国杜鲁门总统时期提出的"马歇尔计划"、拜登政府时期提出的"重建美好世界"（B3W）、欧委会主席冯德莱

---

[1] 公元380年2月27日，罗马皇帝狄奥多西一世（东部皇帝）与格拉提安（西部皇帝）共同颁布了《帖撒罗尼迦敕令》，宣布三位一体的基督教为正统，并为罗马帝国国教。
[2] 陈乐民、周弘：《欧洲文明的进程》，三联书店，2003，第67页。

恩提出的欧洲的"全球门户倡议"等权力战略，其本质是财富向权力的转化。此外，中时段经济实力运用的范式还包括一系列财富战略，如货币主义、凯恩斯主义、奥尔多自由主义（Ordo-liberalism）等。

第三个是短时段经济治国方略和经济实力运用的范式。指的是具体谈判中的政治与经济挂钩，是一种谈判策略及实践。

这3个时段都涉及经济实力运用研究的核心问题——财富与权力间的转化。本章主要关注的是长时段的财富-权力战略。在大国竞赛的"马拉松赛场"上，一个新的大国必然采取了新式的财富战略，即获得了新的生产力，有了更高的劳动效率。同时，这个新的大国必然采取了更具转化效率的财富-权力战略。大国间的战略竞争，说到底，是财富-权力战略的竞争。本书将对近代以来西方霸权国和同时期赶超国的经济实力运用/治国方略范式作以分析（见表2-1）。

表2-1　近代以来西方霸权国/赶超国的经济实力运用/治国方略

时间	财富战略（实施主体）	财富-权力（WPS）范式	主导国/赶超国	权力战略（实施主体）
15—18世纪	葡萄牙、西班牙：重视金银、1492年哥伦布远航 法国：科尔贝主义 英国：《航海条例》（1651—1849） 荷兰：金融革命	重商主义	哈布斯堡帝国、法国	旧殖民主义、旧帝国主义、宗教战争；均势、威斯特法利亚体系 国内：专制主义（从封闭专制到典雅专制，再到开明专制）
1846—1870年	古典自由主义：取消《谷物法》《航海条例》 代表性思想家：亚当·斯密	自由主义	英国	维多利亚时代：不再关注均势，而是强调开放合作、自由贸易；非正式帝国主义
1871—1890年	俾斯麦时代 1879年，德国放弃传统的自由贸易政策，转向保护主义 代表性思想家：弗里德里希·李斯特	发展主义（重商主义+自由主义）	德国	德国国家统一；均势 对内：开明专制，反社民党、限制中央党

续 表

时间	财富战略（实施主体）	财富-权力（WPS）范式	主导国/赶超国	权力战略（实施主体）
1890—1914年	1890年《德俄贸易协定》，大幅降低工业品出口关税；英国坚持自由贸易政策，同时转向非洲、亚洲寻求新的市场（导致新帝国主义）	帝国主义	英国/德国、美国	英国：争夺非洲、新帝国主义、海军军备竞赛（1908—1909年，英德国内加税）德国：世界政策美国：美西战争、巴拿马运河、"门户开放"
1913—1921年	"道威斯计划"	自由国际主义（原型：自由主义）	美国	威尔逊"十四点"：公开外交、自由贸易、国际联盟；依托国际舆论、国际法、国际组织；德国魏玛共和国上台
1929—1940年	经济民族主义美国：斯穆特-霍利关税法案	重商主义	美国、英国/德国、苏联	美国退回到"孤立主义"
1945—1970年	布雷顿森林体系VS苏联计划经济	自由制度主义（原型：自由主义）	美国、苏联	美国霸权，美苏争霸，欧洲、日本的崛起
1980—2008年	全球化、区域经济一体化、里根经济学（供给学派）、克林顿经济学（战略贸易政策、克林顿超级推销员、WTO/NAFTA/APEC）、贸易政策强调"正面对等"（positive reciprocity）	新自由主义（原型：自由主义）	美国/欧洲、日本、中国	自由民主扩张战略、北约/欧盟东扩
2009—2016年	奥巴马（TPP/TTIP）	新自由主义向重商主义转向+帝国主义	美国/中国	地缘政治回归，重返亚太，逐步撤出伊拉克
2016—2020年	特朗普（撤出TPP和TTIP、重谈NAFTA）、贸易政策强调"负面对等"（negative reciprocity）	重商主义+帝国主义+自由主义	美国/中国	发动中美贸易战，实施印太战略
2021年至今	拜登："美国救援计划"（ARP）、"美国就业计划"（AJP）和"美国家庭计划"（AFP），总金额6万亿美元	重商主义+自由主义+帝国主义	美国/中国	撤出阿富汗，修复跨大西洋关系，构建"四国同盟"和"澳英美联盟"（AUKUS）

一、古典重商主义时代（15—18世纪）

重商主义是迄今为止持续时间最长的经济治国方略和经济实力运用范式。根据雅戈布·维纳的观点，重商主义有5个要素：国家中心主义的，追求一国相较于别国的优势地位；在实施国家政策时，总是追求贵金属的储备；竭尽全力追求贸易盈余，以便增加贵金属储备；贸易政策追求奖出限入；国家在追求财富的同时，也追求权力。财富与权力是一个整体，互为因果，都是国家首要追求的目标[①]。

重商主义的早期代表是意大利城邦国家。当时资本主义最先肇始于意大利城邦国家——威尼斯海洋帝国，是欧洲第一次全面的殖民冒险，为后继者，特别是荷兰和英格兰提供了一个榜样，就是小国也可以通过航海来称霸全球。给威尼斯海洋帝国带来巨额财富的正是其与东方的海上贸易。但它也给世人留下一个教训，即通过海权维系的遥远殖民地是很脆弱的。随着葡萄牙发现新航线通达印度，威尼斯海洋帝国海上商业利润下降，商业模式变得过时，其供应链显得脆弱不堪。但最终导致地中海衰落的是1453年君士坦丁堡的陷落、拜占庭帝国的覆灭。在随后漫长的岁月里，威尼斯海洋帝国在与奥斯曼帝国的斗争中逐渐失去了所有的殖民地，也难以保卫自己的海洋帝国，就像英国无法保住自己的北美殖民地一样[②]。除了上述导致威尼斯海洋帝国衰败的因素外，德国政治经济学家弗里德里希·李斯特还深刻地指出："意大利这样煊赫一时，却独独缺少一件东西，因此使它不能达到像今天英国这样的地位，因为它缺少了这件东西，所以一切别的繁荣因素都如风卷残云，一霎时化为乌有了；它所缺少的是国家统一以及由此而产生的力量。"[③] 随着威尼斯海洋帝国的衰落，随之崛起的是葡萄牙海洋帝国。

但葡萄牙缺乏可持续的财富战略，巨大的殖民收入不是投入扩大再生产，而是用于挥霍，农村出现了衰退迹象，农村的教俗封建主加强了对农民

---

① Jacob Viner, "Economic Thought: Mercantilist Thought", in *International Encyclopedia of the Social Sciences*, Vol. 4. (New York: Free Press, 1968), p. 436.
② 罗杰·克劳利：《财富之城：威尼斯海洋霸权》，陆大鹏等译，社会科学文献出版社，2015，第457页。
③ 弗里德里希·李斯特：《政治经济学的国民体系》，陈万煦译，商务印书馆，2011，第12页。

的剥削。葡萄牙的地缘政治战略亦出现重大失误，战线太长，力不从心。16世纪中叶，在葡萄牙面临突出的宗教和政治危机之际，一些人开始考虑葡萄牙未来的出路，有人提出了征服中国的计划，也有人主张放弃东方，把殖民精力集中于非洲西海岸，以便缩短航程，减少庞大的海外驻军。该计划被称为"大门口的帝国"。这种建立"大门口的帝国"的主张得到了不少上层人士的支持。1578年，24岁的年轻国王塞巴斯蒂昂率领17万大军前往非洲，结果大败，国王阵亡。由于年轻国王塞巴斯蒂昂无后代，故而引发葡萄牙王位继承危机，最终被西班牙吞并。

西班牙通过地理大发现和殖民战争的方式，攫取了巨额财富，成为大航海时代开启后第一个日不落帝国。但西班牙出于宗教狂热，不惜连续发动对外战争。其财富战略不可持续，臣民逐金银而居，其谋利方式误国误民；西班牙人以自己不生产为荣，以让外国人为西班牙人生产为荣。生产交给了西北欧国家，特别是英国与荷兰。西班牙财富战略缺乏可持续性的具体原因有三：第一，财富来源为直接的贵金属输入，过多金银引发"价格革命"[①]，造成通货膨胀，财富含金量降低，天然缩水。第二，高昂的税收使得西班牙统治阶级拥有了奢侈的生活方式，却忽视了本国工业体系的建立。第三，在海外殖民地政策方面，西班牙实行的是"重金主义"。这种思想认为"财富等于货币"，国家拥有的贵金属越多越富有[②]。西班牙本土未建立有效的贸易体系，"国家过分关注的是金属本身，而不是有效的贸易体系的建立，货币的瞬间性增加造成工资的上升影响，最终摧毁了西班牙贸易"[③]。

16—17世纪的西班牙、葡萄牙之所以被荷、英、法等同样实施重商主义的新兴国家超越，很大程度上就是因为西班牙、葡萄牙的财富战略与权力战略不匹配，或者匹配度比不上英、法等国。一方面，西班牙、葡萄牙卷入宗教和领土争端；另一方面，其财富供给不上，还是停留在封建制基础上，科技和市场发展滞后。弗里德里希·李斯特从生产力的角度认为，英国、美

[①] 价格革命是16—17世纪由于美洲廉价金银流入欧洲而引起的欧洲金银贬值，物价上涨。详见百度百科"价格革命"词条，https://baike.baidu.com/item/价格革命/4369860。

[②] 裴培：《西班牙对美洲殖民地贸易垄断政策述略》，《拉丁美洲研究》1987年第1期，第48-52页。

[③] 叶成城、唐世平：《第一波现代化：一个"因素+机制"的新解释》，《开放时代》2015年第1期。

国比西班牙要强得多。美国在独立战争中丧失了无数资财,但它赢得独立后,生产力有了无限提高。就是这个原因,使得它在独立之后短短几年内,在财富上获得了空前大规模的增长[①]。

法国实施的重商主义又被称为"柯尔贝尔重商主义"(Colbertism)。让-巴普蒂斯特·柯尔贝尔长期担任法国国王路易十四的财政大臣和海军国务大臣。柯尔贝尔以真正的工作热忱、清晰稳健的心智,以及忠君爱国的奉献精神,努力重建法国的经济结构,并以增加财政收入来使国家自给自足。柯尔贝尔重商主义的核心原则是,"法国的财富和经济都必须服从于国家的需要",并极具创造性地扶持了制造业发展,鼓励发展本国工商业,还提高关税来予以保护,通过政府直接控制经济部门,建立殖民贸易公司和开办新式工厂。基于此,柯尔贝尔成功地扩展了法国的工业和贸易能力。所有这些为路易十四的欧洲霸业打下了深厚的物质基础。难怪路易十四的宰相马扎然在即将去世时,向路易十四举荐柯尔贝尔时说:"陛下,我对您亏欠不少,但我把柯尔贝尔留给您,足以弥补一切。"但由于路易十四过度挥霍财富,同时卷入多场战争,当其子继承王位时,法国已经国库空虚。路易十四临死前,告诫儿子要尽可能地避免战争。但最终法国积重难返,输掉了欧洲"七年战争",丢失了魁北克省。

英国在16—19世纪上半叶亦实施重商主义,其代表性的法律是《航海条例》(1651—1849年)、《谷物法》(1815—1846年)和一般保护税制。但在很多方面,英国财富战略的效率要高于法国和西班牙。道格拉斯·诺斯在《西方世界的兴起》一书中谈及为什么法国比不上英国时指出,就是因为法国的制度落后,导致其财富战略无法与英国竞争。道格拉斯·诺斯书中的核心观点是,有效率的经济组织是经济增长的关键;一个有效率的经济组织在西欧的发展正是西方兴起的原因所在[②]。

在众多实施重商主义治国方略的国家中,德国是特别值得关注的一个,

[①] 弗里德里希·李斯特:《政治经济学的国民体系》,商务印书馆,2012,第133页。
[②] 道格拉斯·诺斯、罗伯特·托马斯著:《西方世界的兴起》,厉以平、蔡磊译,华夏出版社,1999,第5页。

因为它是在基本遵从重商主义治国方略的基础上，完成了经济赶超、国家统一的一个经典案例。德国的重商主义政策很大程度上受到德国政治经济学家弗里德里希·李斯特理论的影响。弗里德里希·李斯特在对意大利人、汉萨商人、荷兰人、英国人、西班牙人、葡萄牙人、法国人、德国人、俄国人、美国人的历史梳理的基础上，得出了很重要的历史经验："凡是先天的禀赋不薄，在财富、力量上要达到最高发展时所需的一切资源色色俱备的那些国家，就可以，而且必须……按照它们自己的发展程度来改进它们的制度。改进的第一个阶段是，对比较先进的国家实行自由贸易，以此为手段，使自己脱离未开化状态，在农业上求得发展；改进的第二个阶段是，用商业限制政策，促进工业、渔业、海运事业和国外贸易的发展；改进的第三个阶段是，当财富和力量已经达到最高高度以后，再逐步恢复到自由贸易原则，在国内外市场上进行无所限制的竞争，使从事于农工商业的人们在精神上不致松懈，并且可以鼓励他们不断努力于保持既得的优势地位。"① 弗里德里希·李斯特经济治国理论的核心不仅在于此，还在于他提出了"国家生产力理论"，即"一个国家的发展程度，主要并不是像萨依所相信的那样决定于它所积累的财富（也就是交换价值的多少），而是决定于它的生产力的发展程度"②。在弗里德里希·李斯特的生产力概念中，既包括"物质资本"形成的生产力，也包括"精神资本"所创造的生产力，即人类知识积累所创造的生产力。弗里德里希·李斯特一系列经济治国方略是同古典学派的自由贸易主张针锋相对的。他从自己的生产力主张出发，提出了包括实行保护关税在内的一系列发展生产力的建议，如实行专利政策，保护科学技术的发明和创造；主张从国外吸收先进的技术和学习经营管理的方法；认为有必要发展本国的教育事业，培养科学技术人才；主张制定各种经济立法；等等③。

回眸重商主义兴衰的300年，其勃兴与地理大发现、贸易、商业资本崛起、殖民地政策、进口禁令和关税保护等政策紧密关联。在重商主义的时

---

① 弗里德里希·李斯特:《政治经济学的国民体系》，商务印书馆，2012，第117-118页。
② 弗里德里希·李斯特:《政治经济学的国民体系》，商务印书馆，2012，第143页。
③ 弗里德里希·李斯特:《政治经济学的国民体系》，商务印书馆，2012，第2-3页。

代,国王对财富和对权力的追求同样炙热,商人阶层对财富也有强烈的追求,国王与商人两者有巨大的合作空间。因此,资本主义的兴起与现代国家的出现是同时的。文艺复兴时期的银行家向君主提供贷款,君主也越来越多地参与经济管理,设立海关税则和掌握垄断权,采取保护主义措施,从而使经济管理具有国家性质。但国王和商人之间逐渐产生了矛盾,国家对权力的追求与国家对财富的追求两者之间产生了矛盾,最终发生了资产阶级革命,推翻了专制统治。首先是1688年英国的"光荣革命",然后是1789年的"法国大革命"。封建专制被资本主义共和国所取代。这里的核心矛盾是财富-权力的两大行为主体——资产阶级与封建君主之间的矛盾。这也是重商主义经济治国方略内在的一对根本性矛盾,在很大程度上决定了重商主义霸权的兴衰。

二、古典自由主义时代(1846—1870年)

经济自由主义是在重商主义之后兴起的第二大经济治国方略和经济实力运用范式。亚当·斯密在其著作《国富论》中首次提出重商主义的概念,在对其进行批判的基础上提出了古典自由主义的理论体系。亚当·斯密对重商主义的要素进行了批判,提出:在实施国家政策时,不必追求贵金属的储备;不追求贸易盈余;贸易政策不追求奖出限入。

经济自由主义的要素包括:自由市场;最低限度的国家干预;个体消费者、公司或家庭(而非国家)构成了社会的基础;经济活动或者说财富创造的主要目的是服务于消费者。在亚当·斯密那里,政府的作用就是像"守夜人"那样,防止外来侵略、维持公共安全即可。

在英国之前,第一个实施自由主义政策的国家是荷兰。而且荷兰的自由主义政策既包括经济方面的,也包括政治方面的,执行得非常彻底,可以说是将自由主义发挥到了极致。荷兰帝国起步于鲱鱼"一刀切"的技艺和鲱鱼贸易。当时为抵抗西班牙哈布斯堡王朝的天主教统治,荷兰北方新教诸省形成乌特勒支同盟开展独立斗争,但南方诸省长期处于西班牙哈布斯堡王朝的天主教统治之下。于是,来自南方和西班牙、葡萄牙的富有和有技艺的犹太人为了逃避宗教迫害纷纷逃亡到北方，那里是资本主义共和国，宗教、政治和商业自由。这种自由体现在科学研究、著书立传等诸多方面。北部荷兰成了商人、科学家、出版商、追求自由人士的避难所。这种宗教、政治、商业、出版方面的自由，使得荷兰的艺术、文化、对外贸易获得了巨大的发展。在对外贸易方面，荷兰与中东、中亚、远东开展贸易，其中最重要的就是香料贸易，并因此建立了荷兰东印度公司。得益于从阿姆斯特丹证券交易所筹集的私人资本，在不到一个世纪的时间里，荷兰东印度公司发展成为世界上最强大、最富有的贸易公司。阿姆斯特丹也成为欧洲的科学研究、高等教育和商业中心。至于荷兰的衰落，主要是由于英国、法国等其他大国的崛起，而荷兰缺乏强有力的国家权力主体和权力战略。荷兰的衰落是一种渐进的、相对的衰落。作为一个被压迫的小国，荷兰崛起成为一个全球范围的海洋帝国，其财富和权力战略是独特的，自由主义的财富-权力战略是其中最关键，也是最具特色的内容。

在荷兰之后，英国崛起成为新的霸权。英国最初施行的是重商主义，后来实行自由主义。在亚当·斯密之前，英国实施《航海条例》，推行所谓的"转口港帝国主义"。根据《航海条例》的规定，无论最终市场在哪里，加勒比海和美洲殖民地产出的原料必须先运往英国，并且只能由英国所属的船只装载。但这种"转口港帝国主义"给英国殖民地经济套上了"商业紧箍咒"，无论是信奉新教的英裔爱尔兰人还是巴巴多斯的种植园主，都认为自己的自由遭受了侵犯[①]。在自由贸易阶段，英国政府放弃了以贸易保护为特征的重商主义，采取了自由贸易的政策，建立了"自由贸易帝国主义"。导致这种情况变化的原因是英国财富的生产能力获得了改进。在工业革命之后，英国的竞争力成为世界上最强的，所以在19世纪中叶取消了《谷物法》和《航海条例》。在英国开始工业革命之际，亚当·斯密的《国富论》应运而生，书中不再像重商主义那样强调国家，而是推崇世界主义，发现财富产生的源泉不再是流通，而是劳动分工，是在生产环节。亚当·斯密认为，增加国民

[①] 约翰·达尔文：《未终结的帝国：大英帝国，一个不愿消逝的扩张梦》，冯宇等译，中信出版社，2015，第20页。

财富的途径是增加工人数量和提高劳动生产率。工人数量的增加要求资本积累，劳动生产率的提高需要以分工为前提；分工又引出交换，交换引出价值等一系列的经济范畴[①]。亚当·斯密时代的英国已经成为资本主义的工业国，农业也成为资本主义的农业。资产阶级作为代表历史进步的阶级，要求为资本主义发展扫清道路，取消国家干预，取消重商主义政策[②]，取消封建主义。

但从经济治国方略的视角观之，我们是否可以认为实施自由主义政策的英国放弃了国家的权力战略？答案是否定的。真正让大英帝国强大的是自由主义、工业革命和帝国三者的结合。推动英国采取自由主义政策的是资产阶级。因此，在自由主义时代，财富战略与权力战略的实施主体是同一的，都是资产阶级。这就超越了重商主义时期财富与权力战略实施主体的对立（资产阶级VS封建专制君主）。在古典自由主义时期，国家对财富的追求需要国家权力的供给。当一般性国家体制无法满足时，英国就走向殖民主义，最终建立帝国。而当国家权力无法满足国家对财富的需求时，帝国也被放弃。持自由主义理念的国家是由商人和资本家控制的，追求的是财富的最大化。这时候就需要权力的供给，提供合适的政治规模，以满足追求财富最大化的需求。这就是英国采取帝国主义并最终占领印度的原因。这就是17—18世纪英国的经济治国方略，为了经济利益，可以非常灵活地运用政治和军事力量。

在约翰·加拉赫和罗纳德·罗宾逊两位从事欧洲帝国主义研究的历史学家看来，大英帝国扩张的方式实际上是英国人不断地寻求最省力的方式在全球范围内追逐利益，部分原因是他们的政治体系对财政支出的约束。这导致他们尽可能依赖与当地精英的合作（"勾结"）……而对当地精英而言，这种经过精心算计的"勾结"能够限制英方的入侵规模……这样的合作导致了一种复杂的历史模式。在有些地区，英国人能够通过积极的外交手段打开该地的门户，就或多或少地保持当地主权完整，如在拉丁美洲。但在另一些不太合作的地区，英国采取了强制手段——如果该地拒绝打开门户，那么英国就干脆使用暴力破门而入。1839—1842年，英国对中国的做法就是如

---

① 赵羽翔:《经济学说史研究》，中国社会科学出版社，2004，第59页。
② 赵羽翔:《经济学说史研究》，中国社会科学出版社，2004，第58页。

此①。英国在不同地方的权力战略充分说明，财富的获取需要配合不同类型的权力战略，帝国形态无非就是权力战略的一种表现。

三、帝国主义时代（1871—1914 年）

帝国主义的定义，具有很大的争议性，可谓仁者见仁，智者见智②。在约翰·阿金森·霍布森看来，帝国主义源于资本主义进入成熟阶段后对市场、投资机会、原材料、廉价劳动力的需求③。在列宁看来，帝国主义是资本主义的最高、最后阶段。与列宁不同，罗萨·卢森堡没有把帝国主义当作资本主义发展的一个历史阶段，而把它说成资本主义国家争夺世界上剩余的"非资本主义领域"的政策表现。罗萨·卢森堡从商品交换的立场出发，认为资本积累在资本主义体系内部无法进行，从而导致并促使资本主义对外侵略扩张，这是帝国主义之所以产生的最深刻的根源④。罗萨·卢森堡认为："帝国主义虽是延长资本主义寿命的历史方法，但也是带领资本主义走向迅速结束的一个可靠手段。这并不是说，资本主义实际上必然达到这个顶点，只是进入帝国主义的倾向本身即已表现各种形态。这些形态将使资本主义最后阶段成为一个灾难的时期。"⑤

列宁和罗萨·卢森堡之所以对帝国主义有不同的认知，原因在于，列宁的帝国主义定义是基于他对世界革命，尤其是对俄国革命问题的解答；罗萨·卢森堡则是基于她的政治经济学的研究，重在揭示资本运动的规律。列

---

① 约翰·达尔文：《未终结的帝国：大英帝国，一个不愿消逝的扩张梦》，冯宇等译，中信出版社，2015，第 11-12 页。
② 西方国际政治学者和政治思想史学者对帝国主义的看法不同，笔者在本书中主要从政治思想史的角度来理解帝国主义。在西方国际政治学者眼中，帝国主义（imperialism）源于拉丁文"imperium"，指的是霸权国与从属国、从属民族或人民的关系。所谓帝国主义政策，指的是一国有意地将本国的力量投射到本国国界之外，从而构建一个一体的政治、行政单元置于霸权国之下。详见 Graham Evans and Jeffrey Newnham, *The Penguin Dictionary of International Relations*,（Renguin, 1998），p. 244。
③ Graham Evans and Jeffrey Newnham, *The Penguin Dictionary of International Relations*,（Renguin, 1998），p. 244.
④ 张开：《国外马克思主义政治经济学人物谱系》，人民出版社，2018，第 171 页。
⑤ 罗萨·卢森堡：《资本积累论》，详见 https://www.marxists.org/chinese/rosa-luxemburg/1913/31.htm。

宁发展了马克思的革命理论，揭示了帝国主义时代革命的逻辑[①]；罗萨·卢森堡发展了马克思的资本主义理论，揭示了帝国主义时代资本的逻辑。

在综合借鉴约翰·阿金森·霍布森、列宁和罗萨·卢森堡三人对帝国主义看法的基础上，笔者从经济治国方略和经济实力运用的视角再看帝国主义，认为之所以出现帝国主义，是因为国家对财富（资本）无限制地追求要求采取帝国的形式，并导致帝国主义之间的战争。在帝国主义时代，财富战略的实施主体是垄断资本，其权力战略的实施主体是垄断资本家控制的政府。帝国主义政策很大程度上是一种财富和权力一体化的战略，既是财富战略，也是权力战略。帝国主义的财富与权力战略，其实施主体是同一的，都是垄断资本家。接下来举日本和沙皇俄国的帝国主义为例。

我们首先看日本崛起时的经济治国方略和经济实力运用。明治维新为日本的转型、崛起创造了基础和条件后，日本开始崛起。经济上，日本逐步完成了向垄断资本主义阶段的过渡。政治上，日本吞并琉球后开始了扩张的步伐。1905年正式吞并朝鲜。战争是改变力量对比的最典型事件。日本在打赢甲午和日俄两场战争后上升成为国际社会公认的大国。但日本帝国主义的经济实力运用方式很难维持其财富战略和权力战略两者之间的平衡。实际上，日本帝国主义总是忧虑其财富生产的能力，并通过战争的方式（权力战略）来扩张土地，以获得更大的财富生产和汲取能力，其结果是走向穷兵黩武和战略冒险，妄图鲸吞中国并偷袭珍珠港，导致美国加入第二次世界大战。日本最终战败。

再看沙皇俄国的经济治国方略和经济实力运用。为什么沙皇俄国最终选择了帝国的权力战略和工业化的财富战略？首先是1853—1856年克里米亚战争的挫败。在1828—1829年的一次战役中，沙皇俄国打败了土耳其军队，试图在日益虚弱的奥斯曼帝国建立保护国。但这一扩张行动威胁到了欧洲的势力平衡，导致沙皇俄国与包括英国、法国、撒丁王国和奥斯曼帝国在内的联盟发生军事冲突。克里米亚战争清晰地暴露了沙皇俄国的虚弱，无法对抗

[①] 何萍，"列宁辩证法的内在逻辑与时代价值"，中共中央党史和文献研究院网站，2020年4月24日，详见https://www.dswxyjy.org.cn/n1/2020/0424/c432233-31687269.html。

西欧工业化国家的军事力量。1854年9月，联军对沙皇俄国的黑海舰队——位于克里米亚半岛的萨瓦斯托波尔城发动了进攻。虽然欧洲军队指挥平庸，但是由于无法调动、装备和运输士兵，沙皇俄国军队在自己的领土上遭到了损失惨重的可耻的失败。沙皇俄国的经济无法支持沙皇的扩张主义野心，而克里米亚战争清晰地反映了以不自由劳动力为基础的农业经济的脆弱。军事上的挫败迫使沙俄政府重新评估沙皇俄国的社会秩序，并实施了大范围的改组计划。沙俄社会改革的内容中最关键的是解放农奴；1864年，为了处理地方上的健康、教育及福利等事务，建立了地方自治委员会（zemstvos）；实施工业化。沙皇俄国工业化的首要推动者是1892—1903年担任财政大臣的维特伯爵，他是德国经济学家弗里德里希·李斯特的拥趸。1893年，他的第一份预算目标就是"消除阻碍国家经济发展的不利条件"和"激发健康的企业精神动力"。其工业政策的核心是一项巨大的铁路建设计划。铁路连接了沙皇俄国的广袤区域，并且刺激了其他产业的发展。更重要的是，新的铁路跨越西伯利亚，使得在西伯利亚进行大规模的定居、开发和工业化成为可能。为了给工业筹集国内资金，维特伯爵重新改造了国有银行，并鼓励建立储蓄银行。维特伯爵用高额的保护性关税支持了新起步的产业，同时还试图利用大笔来自西欧的国外贷款为工业化提供资金。法国和比利时的资本在钢铁和煤炭行业的发展中起到了关键作用，英国的资金则支撑了高加索石油产业的繁荣。而在权力战略方面，沙皇俄国走上了持续不断的帝国扩张之路。经济危机加上第一次世界大战中军事受挫，最终引发"十月革命"，沙皇俄国崩溃。

在英国实施所谓"自由贸易帝国主义"的同时，大英帝国的霸权也不断遭到挑战，德国、美国、日本等大国纷纷崛起，英国竞争力下降；在与欧洲列强争夺非洲和亚洲的过程中，英国国力逐渐耗尽。事实上，直到1914年，在英国人的观念里，自由贸易仍然是英国繁荣的重要原因。但是此时自由贸易正在遭受攻击，英国人也已经无力在这个几乎被五大西方势力和日本军国势力所割据的世界里捍卫自己的利益。[①]最终,大英帝国"曲终人散"。在英国"自由贸易帝国主义"崩溃的历史进程中,英国采取了封闭区域主义的方式,通过建立保护主义的"帝国特惠制"和"英镑区"来为大英帝国续命。

四、启示

纵观历史,一个大国能否崛起,关键看两个方面。

一是经济治国方略当中财富战略的创新。经济治国方略范式变迁的根本动力是生产力的发展,是科技进步、产业革命。一个能够最终崛起的大国必然采取了新式的财富战略,即获得了新的生产力,大幅提高了生产效率,以及能够更加有效地汲取和动员经济实力。当前中美关系中的竞合,根本上是财富战略的竞合。竞争的核心是谁能获得更高的生产力和更具韧性的供应链、价值链和创新链。

二是经济治国方略和经济实力运用当中权力战略的创新。一个崛起成功的大国必然采取了新式的权力战略,即在财富向权力转化的方式、策略、技艺上出现了创新,从而大幅提高了转化效率,改进了转化的效果。例如大英帝国扩张的方式,实际上是英国人不断地寻求最省力的方式在全球范围内追逐利益。

---

① 约翰·达尔文:《未终结的帝国:大英帝国,一个不愿消逝的扩张梦》,冯宇等译,中信出版社,2015,第26页。

第三章　美国的经济实力运用

自美国建国以来，经济实力运用问题就一直居于美国对外政策的核心位置[①]。本章对美国经济实力运用的历史进行了分期，大致分为3个历史阶段：英国霸权背景下美国经济实力的运用（1775—1898年）、美国霸权背景下美国经济实力的运用（1898—2008年）、其他大国崛起背景下美国经济实力的运用（2008年至今）。其中，美国霸权阶段又进一步细分为美国霸权崛起阶段（1898—1913年）、美国霸权胜利阶段（1913—1945年）、美国霸权成熟阶段（1945—1967/1971年）、美国霸权衰落阶段（1967/1971—2001/2008年）。

关于美国经济实力运用的历史分期，笔者是把"世界经济长周期"和霸权周期叠加起来形成一个复合视角，来对美国经济实力运用做一个粗线条的划分（见表3-1）。所谓"世界经济长周期"，指的是50~60年的波动，分为A（经济增长）和B（经济萧条）两个阶段，每个阶段长度为20~30年。因其是苏联经济学家康德拉季耶夫提出，所以又称为"康德拉季耶夫长波"。其产生原因至今仍有争论。根据约瑟夫·熊彼特的观点，推动长波演进的背后动因主要是创新，包括科技创新和制度创新。在世界经济起落的大潮中，大国也随之兴衰。因此在世界经济长周期的背景下，霸权也有兴衰。自近代以来，西方世界先后出现了三个霸权，分别是17世纪中叶达到顶峰的荷兰、19世纪中叶达到顶峰的英国和20世纪中叶达到顶峰的美国。我们对美国经济实力运用的探讨也放在世界经济长波和霸权兴衰的背景下进行。

在对每个历史阶段进行描述时，我们重点关注每个历史阶段中的关键历史节点（critical junctures），并对这些关键历史节点的经济实力运用实践进行分析。这些历史节点同时也是不同历史阶段转化的过渡期，管中窥豹，可以揭示美国经济实力运用方略的范式转换、重大决策背后的深层次原因。在具体行文中，笔者会将视角主要集中在美国总统身上，因为总统是美国运用经济实力的最主要决策者。在完成历史和现实梳理后，笔者会尝试对美国经济实力运用范式进行总结。

---

① Daniel W. Drezner, "Economic Statecraft in the Age of Trump", *The Washington Quarterly*, 2019, Vol.42, No.3, p.7.

表3-1 世界经济长周期和霸权周期叠加视角下美国经济实力运用的演进

世界经济长周期（康德拉季耶夫长波）	霸权周期	美国经济实力运用
康氏长波ⅠA（1790/1798—1815/1825年）	英国霸权周期开启：英国霸权上升期："大同盟"；法国大革命（1789年）、拿破仑战争（1803—1815年），法国抵制英国霸权，国际经济斗争	建国（1783—1814年）：独立、国家统一、认同形成。华盛顿告别演说：发展商业关系，但"不卷入"欧洲事务（non-entanglement）。第二次独立战争（1812—1815年）
康氏长波ⅠB（1815/1825—1848/1852年）	英国霸权胜利：通过"欧洲协调"实现均势	大陆帝国（1815—1850年）：《门罗宣言》（1823）、美墨战争、购买佛罗里达、盖兹登购地
康氏长波ⅡA（1848/1852—1870/1875年）	英国霸权成熟：大英帝国进入霸权的高级阶段（high hegemony），在全球建立自由贸易体制，英国海上霸权	南北战争：1861—1865年购买阿拉斯加
康氏长波ⅡB（1870/1875—1893/1896年）	英国霸权衰落：德国、日本、美国都开始挑战英国霸权，世界进入帝国主义高潮期，第二次工业革命	海外帝国：与夏威夷贸易条约（1875年），开始扩展海外市场，建立海军基地、供煤港，从1874年开始美国转为贸易顺差，持续了75年
康氏长波ⅢA（1893/1896—1914/1920年）	美国霸权周期开启：美国霸权上升期	美西战争、修建巴拿马运河、"门户开放"（1899—1900年），纽约成为全球金融中心，调停日俄战争
康氏长波ⅢB（1914/1920—1940/1945年）	美国霸权胜利：英国霸权衰落及至崩溃，帝国竞争	威尔逊"十四点"；美国退回到"孤立主义"；第二次世界大战
康氏长波ⅣA（1940/1945—1967/1971年）	美国霸权成熟：成为西方世界领导国家；冷战；经济迅速增长	建立布雷顿森林体系
康氏长波ⅣB（1967/1971—2001/2008年）	美国霸权衰落，日本和欧洲挑战美国霸权	美国霸权衰落：布雷顿森林体系崩溃、尼克松访华"破冰之旅"。20世纪80年代后美国霸权重振：全球化、区域经济一体化、里根经济学（供给学派）、克林顿经济学（战略贸易政策、克林顿超级推销员、WTO/NAFTA/APEC）、贸易政策强调"正面对等"（positive reciprocity）；自由民主扩张战略、北约东扩；地缘经济战略

续 表

世界经济长周期 （康德拉季耶夫长波）	霸权周期	美国经济实力运用
康氏长波ⅤA （2001/2008— 2025/2035年）	新的大国权力周期开启：中国的大国权力周期开启，中国崛起，单极对多极，2018年以来百年未有之大变局（中美贸易摩擦、新冠疫情、乌克兰危机……），旧的国际秩序面临土崩瓦解，世界进入地缘政治转型期（2018至今）	美国霸权再次衰落：小布什对华的战略经济对话；奥巴马对华的战略与经济对话、重返亚太战略；特朗普发动贸易战、印太战略；拜登政府对中国的高科技脱钩

来源：笔者自制。

一、英国霸权背景下美国的经济实力运用（1775—1898年）

大英帝国失去美国殖民地的历史阶段，其实正是英国霸权崛起的历史时期。从某种意义上而言，大英帝国失去美国，并未妨碍其在国际舞台上的历史性崛起。从世界经济长周期的节奏来看，英国霸权崛起到霸权衰落，经历了两个世界经济长周期（康德拉季耶夫长波），从18世纪末一直到19世纪末，约100年的时间（见图3-1）。这漫长的100年，就构成了美国建国、强国的历史背景。我们对美国建国后100年经济实力运用的研究也从这个大背景出发。

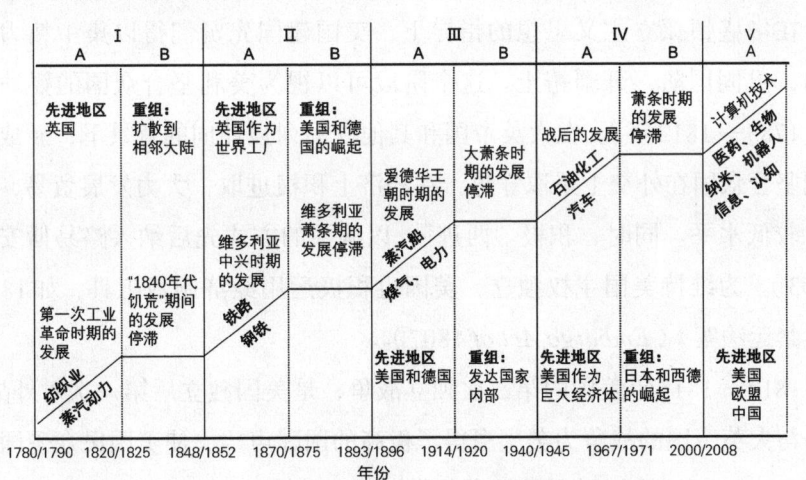

图3-1 康德拉季耶夫周期与霸权周期

来源：Colin Flint & Peter Taylor, *Political Geography: World-Economy, Nation-State and Locality*, 7th Edition, (London: Routledge, 2018), p.24.

(一) 美国建国

美国独立战争（1775—1783年）到第二次独立战争爆发（1812年），构成了美国经济治国方略和经济实力运用的第一个历史阶段。

美国建国初期，治国理政和对外关系的核心理念见于乔治·华盛顿1796年的告别演说，其核心是孤立主义。这深刻影响了美国后来的外交政策传统。乔治·华盛顿叮嘱后人："我们处理外国事务的最重要原则，就是在与它们发展商务关系时，尽量避免涉及政治。"乔治·华盛顿告诫美国人民，"欧洲有一套基本利益，对于我们毫无或甚少关系。欧洲经常发生争执，其原因基本上与我们毫不相干。所以，如果我们卷进欧洲事务，与他们的政治兴衰人为地联系在一起，或与他们友好而结成同盟，或与他们敌对而发生冲突，都是不明智的"。乔治·华盛顿进一步指出："我们为什么要摒弃（美国）这种特殊环境带来的优越条件呢？为什么要放弃我们自己的立场而站到外国的立场上去呢？为什么要把我们的命运同欧洲任何一部分的命运交织一起，以致把我们的和平与繁荣，陷入欧洲的野心、竞争、利益关系、古怪念头、或反复无常的罗网之中呢？""我们真正的政策，乃是避免同任何外国订立永久的同盟。"[①]

在华盛顿孤立主义思想的指导下，美国建国先贤们得以集中精力积聚国力，巩固国防，开疆拓土。这个阶段可以视为美利坚合众国的婴幼儿时期（1783—1812年）。在大英帝国和其他欧洲列强环伺的背景下，新成立的美利坚合众国在外交上采取守势，在经济上积极进取，大力发展贸易，关税保持较低水平。同时，积极"西进"，以购买的方式先后纳入路易斯安那州（1803）。为维持美国主权独立，美国也积极运用经济制裁工具，如1807年的《禁运法案》（Embargo Act of 1807）。

1812—1815年美国的第二次独立战争，是美国独立后第一次对外战争。这场与大英帝国的战争为美国赢得了极高的国际声望，使美国民众爱国热情高涨。1812年，美国时任总统詹姆斯·麦迪逊说："这一年（美国）将加拿

[①] 搜狐新闻，"美国第1任总统华盛顿告别演说（全文）"，详见http://news.sohu.com/upload/Obama/Obama1-06.htm。

大地区兼并,包括魁北克省,只要向前进,向哈利法克斯进攻,最终将英国势力彻底逐出美洲大陆。""美国必须控制整个北美洲大陆"的信念后来被称为美国的"昭昭天命"。由此可见,即使在新中国成立之初,建立帝国的思想已经存在于美国建国先贤的治国方略和外交实践当中。在乔治·华盛顿的思想中,美国是一个"崛起中的帝国"[1]。

(二)大陆帝国(1815—1850年)

随着国力的逐步增强和在第二次独立战争中逼和当时处于霸权地位的英国,美国信心大振,在"昭昭天命"和扩张主义的思想下开始打造更大范围的大陆帝国。这段历史从《门罗宣言》发表开始,至南北战争结束为止。

1823年12月2日,美国总统詹姆斯·门罗(James Monroe)向国会提出由约翰·昆西·亚当斯拟定的国情咨文。咨文中有关外交方面的主要内容被称为《门罗宣言》,后来被称为"门罗主义",其内容大致可归纳为三个基本原则,即"反对欧洲国家再在美洲夺取殖民地"原则、"不干涉"原则和"美洲体系"原则。

在开疆拓土方面,美国从西班牙手中购得了佛罗里达(1819年),通过1846—1848年的美墨战争,从墨西哥手里夺得了今天的加利福尼亚、内华达、犹他、得克萨斯州和其他几个州的一部分领土。1854年,美国又以1 000万美元从墨西哥手中购得亚利桑那州和新墨西哥两州南部的一大块土地,史称"盖兹登购地"(Gadsden Purchase)。

美国也开始对外商签一系列的贸易协定,包括与俄罗斯、西班牙、土耳其、英国、加拿大、德国、锡兰(现名斯里兰卡)。其中与锡兰的贸易协定是美国第一次与一个亚洲国家签署贸易协定。

在这一阶段,美国对外关税显著上升,一方面是因为要增加政府财政收入,以偿还第二次独立战争期间积累的债务;另一方面也是回应美国国内保护主义的压力。1832年关税达到最高水平,1857年降到这一阶段的最低水

---

[1] Walter LaFeber, "The US Rise to World Power, 1776–1945", in *US Foreign Policy*, 2nd Edition. Michael Cox & Doug Stokes(Oxford: Oxford University Press, 2012), p. 44.

平。这一阶段美国主要的关税法案包括1824年、1828年、1832年、1833年、1842年以及1857年关税法案。

在海外，美国开始了扩张。1844年逼迫清政府签署了不平等的《望厦条约》；1853年的佩里远征，打开了日本国门。

这个历史阶段是美国的强国阶段，打造陆地帝国，在"昭昭天命"思想的引领下，通过购地与战争两种方式，一路西进，将领土扩张到太平洋沿岸，最终成为两洋国家。同时，在亚洲开始小范围扩张。

（三）南北战争与海外帝国（1860/1865—1898年）

这段时间是美国霸权崛起前的一段准备期，也是美国历史上一段过渡期。大英帝国在这个时期逐渐进入霸权成熟期，并开始由盛转衰。

南北战争是美国历史上一个重要的分水岭。在19世纪30—50年代，美国人一直认为西进扩张运动是"昭昭天命"，是在上帝见证和庇佑下美国民主和资本主义的扩张。但奴隶制度的存废、南北战争的残酷，令亚伯拉罕·林肯总统开始质疑：为什么上帝会允许美利坚民族自相残杀至此。亚伯拉罕·林肯一直在问："如果美国领土和民主体系的扩张是昭昭天命，为什么其结局却是以内战收场？"[1]

这段时间美国经济总量成为世界第一，但美国并没有马上走上扩张的道路，而是直到19世纪末美西战争时才走上海外扩张之路。美国国际问题学者和媒体评论家法利德·扎卡利亚（Fareed Zakaria）提出过一个问题：19世纪下半叶，美国跻身工业强国之列，在海外也有巨大的利益，但在19世纪90年代之前一直奉行孤立主义政策，迟迟没有扩张，是什么原因导致美国在实力与利益之间存在极其不寻常的鸿沟竟达30年之久[2]？法利德·扎卡利亚的这个问题也是我们经济实力运用研究的一个核心问题，即财富与权力之间的关系问题：是什么因素促进或阻碍国家将经济实力转化为国际权势？在什么条件下财富向权力转化？这种转化又是如何发生的？扎卡利亚

---

[1] Walter LaFeber, "The US Rise to World Power, 1776–1945", in *US Foreign Policy*, 2nd Edition. Michael Cox & Doug Stokes (Oxford: Oxford University Press, 2012), p. 47.

[2] 法利德·扎卡利亚：《从财富到权力》，门洪华等译，新华出版社，2001，第5-6页。

的理论回答是"政府中心型现实主义"①。扎卡利亚论证,从内战结束到西奥多·罗斯福总统任期届满,美国外交政策模式在很大程度上证实了政府中心型现实主义的假设:当核心决策者——美国总统及其最亲近的顾问察觉到政府实力增长时,他们就推行美国海外影响的扩张。内战结束后数十年,可以理解为是美国物质力量获得长期增长的开端。但在国家力量之下蛰伏着软弱的政府,政府权力分散、弥漫、处于分裂状态。美国历届总统和他们的国务卿一再试图将国家的上升力量转化为海外影响,但他们管理着一个联邦形式的政府结构和弱小的官僚体系,无法自由地从州政府和社会获得人力和财力……在此期间,总统的权力处于历史最低点……而且内战结束后,美国空前的国家债务助长了一种国家破产和衰弱的普遍意识,从而加剧了这种紧张局势。美国是一个独特的强国——国家强大但政府却弱小。

扎卡利亚指出,19世纪80年代和90年代标志着美国现代政府体制的开始,其崛起基本与工业化带来的国内压力相辅相成。国家经济增长之迫切与国会寻求最高权力企图的崩溃,赋予联邦政府更集权、更少政治性且理性的结构。总统的权威得到了加强②。

对于美国在这一段时间不扩张的另一种解释而言是许多历史学家认为,19世纪70年代的经济困难阻碍了那个时代的扩张。

内战结束后,美国关税水平大幅上升。这很大程度上是因为北方工业资本要求提升关税,保护其产业免于欧洲廉价商品的竞争。实际上,在1861年,当南方国会代表退出国会之后,国会被北方议员控制,迅速通过了一系列法案,形成了工业-金融复合体。这一复合体决定了今后美国对世界事务的立场③,其中就包括高关税。南方一直反对高关税,因为南方种植园主希望获得来自英国的便宜工业品。得益于保护性关税,北方的钢铁制造商,如安德鲁·卡耐基,携手其他新产业,如约翰·洛克菲勒的标准石油公司,一起构建了美国的工业复合体,而且这一工业复合体在1900年前就成为世界

---

① 法利德·扎卡利亚:《从财富到权力》,门洪华等译,新华出版社,2001,第10页。
② 法利德·扎卡利亚:《从财富到权力》,门洪华等译,新华出版社,2001,第12-14页。
③ Walter LaFeber, "The US Rise to World Power, 1776–1945", in *US Foreign Policy*, 2nd Edition. Michael Cox & Doug Stokes (Oxford: Oxford University Press, 2012), p. 47.

上生产能力最强的企业。美国就这样日益构建起了一个海外的经济帝国[①]。

在开疆拓土方面，美国于1867年从沙皇俄国手上购得阿拉斯加。美国在这个阶段开始大力发展海军力量，在全球范围内建立海军基地和供煤港。在此期间，美国国务卿海华德很有代表性，尝试购买荷属东印度。1875年，美国还与夏威夷签署了自由贸易条约。

二、美国霸权背景下的美国经济实力运用（1898—2008年）

美国经济史学家罗伯特·戈登的研究发现，虽然美国财富的增长有周期性，但每个周期增长的效率是不同的。这就意味着，即使同处于增长阶段，但美国在某个特定时段的增长效率更高。这是一个被称为"特殊世纪"的阶段，即1870—1970年。其中的1920—1970年，可以说是美国经济增长的"非凡时期"，并将不可重复[②]。罗伯特·戈登研究发现，就全要素生产率的表现而言，自1890年以来的快速增长并没有均匀地分布在过去120年内，而是集中在20世纪中叶。1920—1970年全要素生产率的年均增长率为1.89%。相较之下，1970—2014年，年均增长率只有0.64%，只及1920—1970年增长率的1/3[③]。罗伯特·戈登认为，1920—1970年全要素生产率的迅猛增长反映了第二次工业革命时期那些伟大发明的重要性。与第二次工业革命相比，第三次数字化工业革命（指20世纪50年代至今）虽然完全改变了美国人获取信息和进行交流的方式，但是不像第二次工业革命那样遍及整个人类生活，第二次工业革命创造的划时代变革涉及食品、服装、住宅及住宅设施、交通运输、信息、通信、娱乐、疾病的治疗和婴儿死亡率的下降，以及工作和居家环境的改善[④]。而且阻碍第三次工业革命带给美国经济进步的最主要的阻力是日益严重的不平等，即1970年后，最高收入阶层享有美国经济增

---

① Walter LaFeber, "The US Rise to World Power, 1776–1945", in *US Foreign Policy*, 2nd Edition. Michael Cox & Doug Stokes（Oxford: Oxford University Press, 2012）, pp. 47-48.
② 罗伯特·戈登：《美国增长的起落》，张林山等译，中信出版社，2018，第3页。
③ 罗伯特·戈登：《美国增长的起落》，张林山等译，中信出版社，2018，第575页。
④ 罗伯特·戈登：《美国增长的起落》，张林山等译，中信出版社，2018，第575-576页。

长成果的份额不断扩大①。罗伯特·戈登的发现有助于我们理解为什么美国霸权的崛起和成熟阶段是19世纪末到1960年代，尤其是在大萧条之后，美国通过第二次世界大战一跃成为世界霸权，并完全塑造了第二次世界大战后的国际秩序；但从1971年以后美国霸权进入相对衰落期。这种相对衰落一直持续到今天。这背后有着深刻的国家财富逻辑，实际上就是美国增长的衰落问题。因为美国增长的衰落，最终会导致美国霸权的衰落。

接下来我们就按照美国霸权崛起、霸权胜利、霸权成熟和霸权衰落的顺序阐述从1898年美西战争到2008年美国金融危机这一个多世纪当中美国的经济治国方略和经济实力运用。

（一）美国霸权崛起阶段（1898—1913年）

19世纪的美国得益于工业革命，生产能力经济水平大幅提高。1894年美国工业产值已居世界首位。由于工业产品的产量已远超国内需求，在"昭昭天命"的指引下，美国领土和市场从大西洋沿岸一路向西扩张至太平洋沿岸；1898年，美西战争爆发，美国的海外殖民体系基本形成。美西战争后，对古巴的占领成为美国拉美政策的转折点，"美洲开始成为美国人的美洲"。由于"门户开放"政策和"大棒政策"的出台和推行，美国以菲律宾和古巴为基地，实施对中国和拉美大陆的扩张计划。中国和拉美大陆迅速成为美国海外扩张的两大中心，其态势已具备了全球扩张的性质。美国正在发展成为一个世界大国。

从1780年以来的资本主义世界经济发展来看，大英帝国的霸权经历了两个康德拉季耶夫长波（见图3-1），即第Ⅰ、第Ⅱ长波。从第Ⅲ长波，即1890年代以来，美国开始走上霸权崛起之路。从1783年美国独立战争以来，美国用了100年时间完成了建国和强国之路，接下来要用第二个100年时间完成强权问鼎之路。

正如美国著名的外交史学家沃尔特·拉斐波（Walter LaFeber）总结的，美国作为一个新兴帝国的经济基础是在19世纪60年代到19世纪90年代打下

---

① 罗伯特·戈登：《美国增长的起落》，张林山等译，中信出版社，2018，第2页。

的。但这个新兴帝国的政治结构却令人惊讶地出现在19世纪90年代到1913年[1]。沃尔特·拉斐波教授的这段话耐人寻味,实际上扎卡利亚在《从财富到权力:美国世界角色的不寻常起源》一书中也谈到了类似问题——尽管美国从1870年代经济总量就成为世界第一,但美国一直等了30年才走上扩张之路。这个美国从经济大国到政治强国之间为期30年的时滞到底是怎么产生的?

1898年4月,美国总统威廉·麦金利决定对西班牙宣战。在这场被时任美国国务卿海约翰(John Hay)戏称为"小小的光荣之战"中,美国军队在不到3个月的时间里就击败了欧洲强权西班牙,攫取了古巴、波多黎各和菲律宾。1899—1900年海约翰提出"门户开放"政策。在美国外交史学家沃尔特·拉斐波教授看来,"门户开放"政策为美国这个新兴帝国设立了两项根本原则,即反对殖民主义和大力支持海外市场的开放。后者是基于美国经济上的竞争优势且符合美国的国家利益。这两项原则在美国外交政策中占据主导地位直到21世纪[2]。

1903年,时任美国总统西奥多·罗斯福支持巴拿马起义,使得巴拿马从哥伦比亚那里获得独立,并获得了巴拿马运河两侧10英里[3]宽的区域。这位总统接过英国人、法国人都无法完成的巴拿马运河工程,历经10年努力,动用了美国可以动用的各种经济、军事和外交手段,最终在1914年完成并开通巴拿马运河。1904—1905年,西奥多·罗斯福又提出著名的"罗斯福推论",对"门罗主义"进行了补充,提出美国有权干预西半球国家事务,以避免"外国入侵"而伤及美洲国家的整体利益;美国的职责是做美洲地区的"国际警察"。

西奥多·罗斯福的继任者塔夫脱总统(1909—1913)继承了西奥多·罗斯福的经济干预主义,大力推行"美元外交"(dollar diplomacy)。塔

---

[1] Walter LaFeber, "The US Rise to World Power, 1776-1945", in *US Foreign Policy*, 2nd Edition. Michael Cox & Doug Stokes(Oxford: Oxford University Press, 2012), p. 48.
[2] Walter LaFeber, "The US Rise to World Power, 1776-1945", in *US Foreign Policy*, 2nd Edition. Michael Cox & Doug Stokes(Oxford: Oxford University Press, 2012), p. 49.
[3] 10英里=16.09344千米。

夫脱和他的国务卿菲兰德·蔡斯·诺克斯都认为，美国对外经济政策的目标是在海外营造一个稳定的外部环境，使得美国商人可以更加容易地做生意。他们认为私人资本能够有助于此目标的实现。在这个对外经济政策的指导下，他们动用美国的军事力量保护美国在南美洲、中美洲和中国等地的投资。塔夫脱的经济实力运用可以视为财富与权力的双向转化，尤其是权力向财富这一侧的转化，外交和军事服务于经济利益。美国鼓励银行家贷款给海地，其结果是给海地造成了巨额的债务。与此同时，塔夫脱通过"美元外交"，旨在将欧洲和日本的资本挤出西半球，让美洲真正成为美国的美洲。塔夫脱的"美元外交"在世界各地引发了很大的非议。

1905年，西奥多·罗斯福因为调停日俄战争获得了诺贝尔和平奖。至此，美国已经成为国际舞台上一支主要的力量[1]。

（二）美国霸权胜利阶段（1913—1945年）

这一历史阶段以第一次世界大战和第二次世界大战为起点和终点，美国霸权逐渐走向顶峰。但在这30年时间里，美国外交政策以及美国与外部世界关系经历了剧烈的摇摆：第一次世界大战开始时美国宣布中立，但后来又突然介入，并试图在战后领导世界。但是，美国民众对世界领袖的角色不感兴趣，参议院拒绝批准《凡尔赛和约》和加入国际联盟；接着是20世纪20年代共和党政府对国际事务的有限卷入和对集体安全原则的放弃；到20世纪30年代，极力避免承担任何国际义务的孤立主义主导了美国外交政策。而珍珠港事件后美国又开始全面参与世界战争，并在战后承担起重建国际秩序和领导世界的责任。北京大学历史学系王立新教授将1913—1945年这段时间美国的霸权称为"踌躇的霸权"[2]。本章将1913—1933年视为美国霸权从崛起走向胜利过程中的踌躇期。其特征是犹豫不决、拿不定主意。

---

[1] Walter LaFeber, "The US Rise to World Power, 1776-1945", in *US Foreign Policy*, 2nd Edition. Michael Cox & Doug Stokes（Oxford: Oxford University Press, 2012）, p. 49.
[2] 王立新：《踌躇的霸权：美国崛起后的身份困惑与秩序追求（1913—1945）》，中国社会科学出版社，2015。

1. 霸权踯躅（1913—1933年）

美国崛起于19世纪末。与过往列强相比，其积攒的经济实力在向权力转化的路径选择上，出现了史无前例的制度转向和制度创新。这集中体现在伍德罗·威尔逊总统的外交理念和实践上。

第一次世界大战的爆发使美国挣开"孤立主义"的束缚。为了避免战争再次爆发，威尔逊的"理想主义"崭露头角，为美国的霸权崛起赢得了国际话语权。伍德罗·威尔逊在"十四点计划"中力主建立一个以维护世界和平与安全为目的的国际组织。伍德罗·威尔逊是在1916年5月首次宣扬其世界联盟的计划，1917年1月公开提出美国应成为国际联盟的一员。当时很多国家对建立国际联盟这件事犹豫不决。对此，伍德罗·威尔逊做好了施压的准备。1917年4月美国参加第一次世界大战后不久，伍德罗·威尔逊就写信给他的好友豪斯上校说："战争结束后即可强使他们接受我们的想法，因为届时他们在财务等各方面将有求于我。"[1] 1919年1月18日巴黎和会召开以后，伍德罗·威尔逊坚持首先讨论建立国际联盟的问题，并主张把《国联盟约》列为对德和约的必要组成部分。《国联盟约》经过26次修改之后，于1919年4月28日在巴黎和会上通过。根据和约规定，1920年1月，世界上第一个由主权国家参加的政治性的国际组织——国际联盟成立。美国通过国际联盟在全球范围积极传播自由市场主义促进经济发展和社会进步的理念；而且美国自身的发展又证实该理念的可实施性和优越性，进一步加强了自由主义理念传播的深度，巩固了美国的国际话语霸权。

但是，1920年3月由共和党多数控制的参议院拒绝了对《凡尔赛和约》的批准。其主要理由是《国联盟约》构成了《凡尔赛和约》的一部分，美国不能接受超国家的力量的控制，也就是国际联盟将会被英法所控制，它就会妨碍美国霸权的扩张。因此，美国参议院内的共和党领袖对建立国际联盟一直持反对态度。自美国建国后120年，美国外交政策大部分时间都是遵循华盛顿和杰斐逊的不结盟政策。威尔逊的国际制度主义政策在国内遇到了很大的抵制。面对此种情况，威尔逊在全国各地演讲，劝说美国民众接受其国际

---

[1] 亨利·基辛格：《大外交》，顾淑馨等译，海南出版社，1997，第201页。

主义的理念。但不幸的是，他在科罗拉多州演讲途中遭遇中风，以致无法说话。中风后的威尔逊态度更加坚决，不愿意向共和党方面妥协。这种态度最终导致国会对《凡尔赛和约》的彻底拒绝，所以，美国也就没有加入国际联盟。这是美国经济实力运用实践的一次重大挫折。作为全球第一大经济体和第一次世界大战当中欧洲战场的决定胜负的一方，美国有充足的国力建立未来国际秩序，而且通过自身外交实践明确提出了第一次世界大战后的秩序蓝图，但因为国内因素的掣肘和反对，最终功亏一篑。这个重大历史事件也充分说明，从财富到大国地位的转化绝不会一蹴而就，国内民众是否跟随，国内各派势力能否团结在共同的理念之下，都是考验崛起中大国的关键因素。

1919年的历史机遇一旦错过，美国就又陷入踌躇不决当中。但1919—1929年，却是美国经济实力运用的一个"高光"时刻。美国充分运用其经济力量，成为第一次世界大战后欧洲局势的一支决定性力量。其代表人物是时任美国副总统查尔斯·道威斯。他提出用经济手段解决欧洲地缘政治纷争的"道威斯计划"。1919年巴黎和会迫使德国赔偿巨额战争赔款，导致德国恶性通货膨胀，经济崩溃；法国急需借第一次世界大战胜利者的身份从德国收复失地。在欧洲国际秩序面临崩溃、德国遭遇经济危机之际，美国的银行家和出口商心里明白，德国是欧洲大陆最重要的工业国，如果德国经济崩溃，整个欧洲都将陷入经济萧条。1924年，芝加哥银行家、时任美国副总统查尔斯·道威斯迅速召集国际会议，提出解决德国战争赔偿的美国贷款计划，向德国经济注入大量美国私人资本，重建德国经济，法国也被要求从领土上有所退让。欧洲秩序暂时得以稳定[1]。

但好景不长，1928—1929年，美国经济开始遭遇危机。这场危机一直持续到1933年，美国经济依然不见起色，当时的美国失业人数已经达到2 500万。欧洲经济和日本经济随之下滑。1933年，希特勒纳粹政权上台，

---

[1] Walter LaFeber, "The US Rise to World Power, 1776-1945", in *US Foreign Policy*, 2nd Edition. Michael Cox & Doug Stokes（Oxford: Oxford University Press, 2012）, p. 51.

日本军国主义政府掌权[1]。时任美国总统赫伯特·胡佛（1929—1933）束手无策。不但束手无策，而且在其任内，美国国会通过了大幅提高关税的《斯姆特-霍利关税法案》（Smoot-Hawley Tariff Act），导致世界各国对美国关税报复，造成美国进出口额锐减，世界经济深受其害。其外交政策几乎无所作为，因为其外交政策主要基于美国的经济力量，以及美国与日本、德国的合作。面对日本侵华、德国纳粹上台，赫伯特·胡佛采取了"绥靖政策"[2]。赫伯特·胡佛担任美国总统的这段时间，可以说是美国国际经济政策的"滑铁卢"。美国采取了经济民族主义的政策，实施"以邻为壑"的关税政策，严重恶化了自身与世界各国的经济关系，在对外政策上又对德国、日本采取了袖手旁观和"绥靖政策"。美国的经济力量与外交政策之间出现了严重的脱节，在国内面临"大萧条"的背景下，经济力量遭受严重损失，经济力量的运用失去了目标和方向，无法转化为美国的权势，美国的霸权陷入深度迷茫。美国经济史学家查尔斯·金德尔伯格在1973年出版的《世界大萧条（1929—1933）》一书中，反思了大萧条的历史，提出了"霸权稳定论"（hegemonic stability theory）。查尔斯·金德尔伯格指出，霸权国需要提供领导和国际制度，维持国际体系的稳定。美国尽管取代英国成为世界最大经济体，但未能接替英国扮演的角色，结果导致全球经济体系陷入衰退和世界大战。

2. 霸权胜利（1933—1945年）

美国经济治国方略和经济实力运用的顶峰是在富兰克林·德拉诺·罗斯福担任总统期间实现的。他1933—1945年的总统任期也是美国霸权胜利的历史阶段。在其1933—1937年第一个任期，他提出了"罗斯福新政"，其核心目标是"3R"，即"救济"（relief），针对穷人与失业者；"复兴"（recover），就是将经济恢复到正常水平；"改革"（reform），是针对金融系统，预防再次发生大萧条。"新政"缓解了美国的"大萧条"，对美国经济

---

[1] Walter LaFeber, "The US Rise to World Power, 1776-1945", in *US Foreign Policy*, 2nd Edition. Michael Cox & Doug Stokes (Oxford: Oxford University Press, 2012), p. 52.
[2] Ibid.

恢复发挥了一定作用，部分恢复了美国的经济力量。这一阶段，美国通过财富端向权力端的大规模转化，建立了美国治下的和平。美国经济学家罗伯特·戈登提出，大萧条和第二次世界大战共同构成了20世纪20—50年代全要素生产率大幅提高的主要解释变量①。

但在罗斯福第一任期内，美国基本采取的是孤立主义的政策，一切以美国内政为先。1933年召开的"伦敦经济大会"，也因为美国拒绝承担世界经济的领导责任而归于失败。美元对黄金继续贬值，从每盎司20.67美元一直贬值到35美元。但1934年美国贸易政策出现了一个重大积极变化，即时任国务卿科德尔·赫尔力主推动的《互惠贸易协定法案》，它不仅打开了美国市场，为美国战后繁荣提供了动力，而且成为美国全球经济领导地位的支柱之一②。《互惠贸易协定法案》的历史地位极其重要，标志着美国从1860年以来贸易保护主义范式的终结，从而转向自由国际主义范式。这一法案为接下来美国70多年的自由贸易政策奠定了基石。此外，1936年，美国、英国、法国签署了《三国货币协议》，稳定了汇率，结束了1931—1936年的货币战争。这也是历史上美国第一次在国际货币合作方面扮演主导者的角色。这一切的努力都是罗斯福第二任期内大力推进国际主义的先声。

1937—1945年罗斯福总统的第二、第三任期可以说是美国经济实力运用的高潮。这一时期的美国汲取威尔逊时期的经验和教训，动用美国的经济和军事力量，不仅赢得了第二次世界大战，而且建立了一整套持续至今的国际秩序。作为威尔逊总统国际制度主义的支持者和信仰者，富兰克林·罗斯福总统早在第二次世界大战之初，就萌生了建立战后国际体系的构想。1941年8月14日，罗斯福与丘吉尔在联合签署的《大西洋宪章》中提出建立一种"更广泛、永久的普遍安全制度"。1943年下半年，第二次世界大战发生了有利于盟国的战略性转折。罗斯福开始具体构想战争后的世界格局。他认为，战争后维护和平，防止侵略，需要大国之间的合作。他提出以美、英、

---

① 罗伯特·戈登：《美国增长的起落》，张林山等译，中信出版社，2018，第104页。
② I. M. Destler, *American Trade Policitcs*, 4th ed.（Peterson Institute for International Economics, 2005）, p. 6.

苏、中为中心建立国际和平组织，以发挥大国的作用。1943年11月29日在德黑兰会议上，罗斯福向斯大林提出了他的设想。他主张建立3个机构：由四国组成的委员会、研究除军事问题外的所有问题的执行委员会、每个国家包括小国也能发表自己意见的总机构①。1944年，敦巴顿橡树园会议确立了《联合国宪章》的基本内容，1945年联合国正式成立。

从经济实力运用研究的角度出发，笔者更加关注美国如何利用自身经济力量，赢得霸权地位，构建战后国际经济秩序的努力。中共中央党校赵柯教授在《论大国经济外交的战略目标：美国经济外交与大英帝国的崩溃》一文中深刻地指出，虽然美国军事作战的主要目标是以德国和日本为首的轴心国集团，但在另一个"没有硝烟的战场"，美国的对手却恰恰是其战时盟友英国。双方通过经济外交的手段激烈地争夺第二次世界大战后世界的领导权。美国通过咄咄逼人的攻势，先是拆除英镑区，确立美元中心地位；之后通过建立多边自由贸易体系，逐渐瓦解了英国精心构建的以帝国特惠制为基础的双边贸易体系，大英帝国也因此被抽掉了最后一丝元气，走向衰落②。

以《租借法案》为施压工具，时任美国财长摩根索和他的主要助手怀特领导下的财政部最终逼迫英国接受"怀特计划"，放弃"凯恩斯计划"，因为英国明白，没有来自美国的战争物资，英国不可能赢得战争。这是英国"租借"美国物资所不得不付出的代价③。

在1941年8月英国首相丘吉尔和美国总统罗斯福在大西洋军舰上会谈期间，美国助理国务卿韦尔斯抓住这一机会在起草作为双方联合宣言的《大西洋宪章》时，在第四条特别加入了消除歧视性进口限制和获取平等的市场准入机会的相关内容，直接剑指英国的"帝国特惠制"。韦尔斯的态度非常坚决，表示"这不是一个措辞问题，而是非常严肃、重要的原则问题。如果英、美两国政府不能就战后建立自由、开放的贸易体系达成共识，还不如直

---

① 李少军：《评美国与联合国关系的历史进程》，《美国研究》1995年第2期，第69-85页。
② 赵柯：《论大国经济外交的战略目标：美国经济外交与大英帝国的崩溃》，《欧洲研究》2014年第4期，第78页。
③ 赵柯：《论大国经济外交的战略目标：美国经济外交与大英帝国的崩溃》，《欧洲研究》2014年第4期，第69页。

接投降"。丘吉尔当即拒绝，要求对第四条进行修改。在丘吉尔看来，这是为了"维护我们在《渥太华协定》中所签订的义务，并使'帝国特惠制'在未来不受损害"。罗斯福为了尽快发表联合宣言，向外界传达英美合作一致决心，对丘吉尔做出了让步，在第四条中增加了"尊重现有义务"这样一个前提条件（也就是要保存特惠制），同时删除了"歧视性进口限制"和"市场准入机会平等"这样的表述。这样一来，修改后的第四条就完全消解了韦尔斯打算让英国承诺废除特惠制的原意。在第一次"正面交手"失败后，韦尔斯并没有放弃，在国务院领导的与英国就具体实施《租借法案》而进行的英美《互助协定》谈判中，国务院继续向英国施压，坚决要求英国接受《互助协定》第七条，也就是消除"歧视性贸易"，并且国务院非常清晰地向英国解释，所谓"歧视性贸易"就是指英国的"帝国特惠制"[1]。

美国国务院将"废除帝国特惠制"与《租借法案》挂钩，认为这是美国援助英国所必须得到的回报。在1941年12月丘吉尔访问美国期间，科德尔·赫尔亲自向丘吉尔提出要求英国尽快接受第七条，但被丘吉尔拒绝。科德尔·赫尔最后说服罗斯福总统亲自敦促丘吉尔。1942年2月，罗斯福发电报给丘吉尔，要求其接受第七条。此时英国正在东南亚遭受重大军事失败，日军占领英国苦心经营多年的新加坡，丘吉尔痛心地称之为"英国历史上最惨痛的灾难、规模最大的投降"。在这样的情形下，美国的支持和援助此时对英国而言显得至关重要，在罗斯福承诺美国也将相应地削减自己的关税的条件下，英国政府接受了第七条。随着第二次世界大战进入尾声，1945年英美两国启动了建立战争后国际贸易体系的实质性谈判。虽然此时科德尔·赫尔已经离任国务卿，但是国务院废除"帝国特惠制"的决心有增无减。与此同时，英国政府为了争取美国贷款，与美国还在进行《英美财政协定》的谈判。在财政压力之下，英国最终与美国达成共识，也就是《国际贸易与就业会议讨论建议》，其中包含了针对特惠制的3项条款：第一，英国与其自治领地的现有协定不应阻碍对特惠关税的调整；第二，降低和削减特

---

[1] Richard N. Gardner, *Sterling-Dollar Diplomacy* (Oxford: Oxford University Press, 1956), pp.56-62.

惠关税；第三，不得在任何情况下提高特惠水平或增加特惠内容。美国认为这3条足以最终瓦解"帝国特惠制"[①]。

在英美提出的《国际贸易与就业会议讨论建议》的基础上，包括中国在内的23个国家参加了1947年的日内瓦会议，进行关于第二次世界大战后国际贸易体系的谈判。与会国于1947年10月30日签署了《关税和贸易总协定》和《临时适用议定书》，并于1948年1月1日生效。虽然在英国的坚持下，"废除帝国特惠制"没有写入最终的协定文本，大英帝国的"尊严"在形式上得到保全，但是美国一直主张的"非歧视性原则"主导了《关税和贸易总协定》，成为第二次世界大战后国际贸易体系中具有约束力的根本性国际法原则。这正是美国竭力倡导和推广多年的"多边自由贸易体系"的核心理念。随后在《关税和贸易总协定》这一平台上进行了一系列各国相互削减关税的多边行动，"帝国特惠制"被淹没在自由贸易的洪流中，最终寿终正寝，美国领导下的全球多边自由贸易体系形成了[②]。

（三）美国霸权成熟阶段（1945—1967/1973年）

第二次世界大战后，美国为了世界霸权，经济总量达到世界的一半。这为美国实施大规模的自由制度主义奠定了雄厚的经济基础。美国通过建立联合国以取代旧式殖民帝国来维持世界和平；通过建立布雷顿森林体系（国际货币基金组织、世界银行和关贸总协定），来实现全球范围的自由贸易。1944年布雷顿森林会议奠定了第二次世界大战后国际经济秩序，以世界银行、国际货币基金组织（IMF）和关贸总协定（GATT）为三大支柱，确保美国支配下世界市场资本和商品的流动性，挤压老殖民主义势力范围，防范关税货币武力屏障，引发重新瓜分世界的战争。

美国在东、西两方分别推出大、小两个"马歇尔计划"，把过剩资本输出到这些地区，援助扶植西欧和日本再兴起。1947年3月，美国提出一项

---

① Richard N. Gardner, *Sterling-Dollar Diplomacy*（Oxford: Oxford University Press, 1956）, pp.145-153.
② 赵柯：《论大国经济外交的战略目标：美国经济外交与大英帝国的崩溃》，《欧洲研究》2014年第4期，第72页。

被称为"杜鲁门主义"的国情咨文,向希腊、土耳其两国提供经济和军事援助,帮助它们镇压人民革命运动。1948年正式实施的"马歇尔计划"和1949年成立的北大西洋公约组织,为美国主导西欧政治、经济、军事事务奠定了基础,展示其全球主义姿态。

在美国构建战后国际秩序时,很遗憾的是,苏联没有加入进来。这为后来的两大阵营对峙埋下了伏笔。1944年乔治·凯南尚在担任美国驻苏联使馆副馆长时,重点思考的一个技术性问题是美国是否应该给予苏联援助。最后他认为,把苏联跟世界隔开是唯一合适的选择。后来他写"八千字电报"的直接诱因是美国财政部问为什么苏联不批准世界银行与国际货币基金组织[1]。与美国财政部国际主义思路截然不同,乔治·凯南细致分析了苏联行为的根源,提出美国对苏联的方略必须是遏制。另据美国外交史学家沃尔特·拉斐波解释,当时苏联不同意加入世界银行与国际货币基金组织主要是因为:第一,斯大林拒绝加入任何被美国控制,从而可能对苏联国家经济社会情况进行检查或对苏联经济进行改造的国际组织;第二,苏联与美国在第二次世界大战后国际政治重建问题上的分歧,也导致苏联拒绝与美国就开放的国际经济秩序进行合作[2]。

(四)美国霸权衰落阶段(1967/1973—2001/2008年)

20世纪60年代开始,"反体系运动"、石油禁运、越南战争,以及美国国内的通货膨胀严重损耗了美国的国力,降低了美国在国际货币基金组织的威望,影响了其强大的经济实力和国际债主地位。美国不断把美元的通货膨胀问题转嫁给布雷顿森林体系内的其他国家,加剧了其他国家对这一货币体系的不满。与此同时,第三世界国家相继独立和抱团,南北对立明显增加,使得美国国会更加不愿为国际组织提供资源,间接导致这些组织对美国产生消极态度。美国在国际组织中的影响也因此有所下降,美国霸权实力开始衰落。

---

[1] George F. Kennan, *Memoirs* 1925—1950 (Toronto: Little, Brown and Company, 1967).
[2] Walter LaFeber, "The US Rise to World Power, 1776–1945", in *US Foreign Policy*, 2nd Edition. Michael Cox & Doug Stokes (Oxford: Oxford University Press, 2012), p. 55.

由于无法克服"特里芬悖论",美国在20世纪60年代末不得不将美元与黄金脱钩,导致"尼克松冲击"[1]。加之深陷越南战争和遭遇石油危机,美国霸权从20世纪60年代末开始相对衰落。在经济治国方略的实践层面(财富向权力转化),根据美国国际关系学教授阿瑟·斯坦的观点,霸权国存在一个"霸权困境",即霸权国要维持霸权,就需要"吃亏""让利",允许盟国一定程度地对霸权国不公平的贸易行为,以此换取其他国家愿意加入霸权体系,接受霸权国的领导;但霸权国的"吃亏""让利"会导致后起国家的赶超;一旦霸权国不再愿意"吃亏""让利",这些国家对它的忠诚度就会下降,霸权体系就会受到削弱[2]。20世纪60年代末70年代初,受"尼克松冲击",布雷顿森林体系崩溃,美国的自由贸易政策开始"打折扣",2018年中美贸易战中美国动用的"301条款"就是源于这个时期美国通过的《1962年贸易扩展法》和《1974年贸易法》。与此同时,受越南战争和全球石油危机的拖累,美国经济实力受损,受到日本和西欧的经济挑战。这个阶段见证了美国与日本、西欧之间大规模的贸易战。但有必要指出,美国并没有完全放弃自由贸易秩序,而是实施有管理的自由贸易,或者说有较大开放度的保护主义。这主要是因为美国霸权还远未完全衰落,依然有能力维系国际自由贸易秩序[3]。

在20世纪60年代末到80年代中后期,里根重振美国经济前的这段时期美国霸权相对衰落的阶段,美国实施了很有自由制度主义色彩的经济实力运用方略,即在一个国际经济制度框架内管理美国霸权的衰落,与西欧、日本等发达经济体进行了经济和安全政策的协调,其主要承载工具就是七国集团。这是经济实力运用的一项制度创新。七国集团的最初形式是七国首脑峰会,其首倡者并不是美国,而是法国总统吉斯卡尔·德斯坦和德国总理施密特。据参与过七国集团工作的英国外交部经济局局长尼古拉斯·贝恩回忆,

---

[1] "尼克松冲击":尼克松冲击(英文:Nixon shock),或称尼克松震撼,指美国前总统理查德·尼克松于1971年采取的一系列经济措施,其中以单方面暂停美元与黄金的兑换最为重要。

[2] Arthur Stein, "The Hegemon's Dilemma: Great Britain, the United States, and the International Economic Order", *International Organization*, Vol. 38, No. 2(Spring, 1984), pp.355-386.

[3] Arthur Stein, "The Hegemon's Dilemma: Great Britain, the United States, and the International Economic Order", *International Organization*, Vol. 38, No. 2(Spring, 1984), p.382.

七国首脑峰会召开的根本原因之一就是欧洲、日本和加拿大寻求建立一套世界经济的管理体系来替代美国霸权，以集体管理的方式取代美国的"一言堂"。此外，法国总统吉斯卡尔·德斯坦和德国总理施密特在建立七国首脑峰会之初，原本是想通过政府首脑私人会晤的方式来屏蔽技术官僚层面的拖沓，但是美国方面想要把它变成一个机构，亨利·基辛格和吉米·卡特总统曾先后提出这个想法。法德首脑私人会晤和美国制度主义这两种观点在七国峰会里一直并存着[1]。这种制度主义的理念是美国霸权衰落过程中一个很重要的思想，其核心是通过制度协调的方式延缓美国的霸权衰落。

美国霸权衰落的势头在里根上台后的20世纪80年代得到了很大程度的放缓。里根上任初期，美国经济形势并不好。但里根凭借"里根经济学"这一具有里根特色的经济治国方略扭转了美国经济，并在此基础上运用日益丰盈的经济实力最终赢得了冷战。这里值得思考的问题是，美国是如何通过经济实力赢得冷战的？这个问题在美国政策和学术界有争论。到底是不是里根赢得了冷战？一派观点认为是的。这一派认为里根与苏联的军备竞赛，以及在第三世界通过支持反共游击运动与苏联硬碰硬的政策，最终迫使苏联在1987—1989年做出了战略和政治让步。但另一派观点认为，冷战终结是美国对苏联长期政策的结果。这一派观点认为，美国对苏联的政策压力导致苏联面临长期的政治经济负担，严重削弱了苏联政权内部政治和经济的合法性。这一派观点实际上是乔治·凯南在《苏联行为的根源》一文中开出的政策处方，即美国要对苏联长期遏制，直到苏联出现内乱而被迫做出政治上的改变。在乔治·凯南的头脑中，对付苏联的利器就是迫使苏联动用大量的经济资源来维持对美的军事-地缘政治平衡。[2]换言之，美国与苏联竞争的制胜法宝就是美国在整个资本主义经济社会体系中的综合优势。这决定了美国能赢得冷战。

20世纪80年代末90年代初，东欧剧变，苏联解体，国际格局骤变。美

---

[1] 尼古拉斯·贝恩：《经济外交官》，张晓通译，中国社会科学出版社，2015，第104页。
[2] Richard Saull, "American Foreign Policy during the Cold War", in *US Foreign Policy*, 2nd Edition. Michael Cox & Doug Stokes (Oxford: Oxford University Press, 2012), p. 78.

国得益于"里根经济学""供给侧结构性改革"、老布什总统的"全球新秩序战略"战胜了苏联。克林顿总统时期推行"因特网经济"。这个阶段,依托丰厚的财力和乐观主义的时代精神,美国又开始实施自由贸易,其典型代表是北美自贸区和APEC的建立,大力推进从里根政府起开始实施的新自由主义经济治国方略。美国开始接纳中国加入世界经济体系,中国在1986年提出的"复关"和1995年后的"入世",都获得了美国支持。但有必要指出,克林顿时期的自由贸易是一种有管理、有保护的自由贸易,与第二次世界大战后美国建立的多边自由贸易秩序有很大区别,只是比20世纪70年代更加开放一些。虽然美国在"冷战"中胜出,但此时美国霸权的实力已远不及第二次世界大战后的美国。"9·11"事件之前,美国政治精英中的确出现了"单极世界"的迷幻,认为到了"历史终结"的时刻。当时,苏联解体,两极对峙的世界格局结束。第一次海湾战争的胜利和信息技术革命使美国成为唯一一个保持经济增长、就业增加、生活水平提高,且没有通货膨胀的国家[1]。日本和欧洲主要大国的经济却陷入相对停滞状态。美国实力的恢复使其在国际组织中更加得心应手,发挥更大的影响力。但现在回头看,自里根以后到克林顿这20年左右的时间,最多只能算作美国在衰落过程中的一次"中兴",实际上,一个更加多极化的世界正在蓬勃兴起。

"9·11"事件之后,美国打了两场大规模的反恐战争,美国国防开支大幅增加,从2000年的2 940亿美元猛增到2011年的7 050亿美元。这意味着在21世纪头十年的美国反恐战争期间,美国财富向军事权力端进行了大规模转化。在贸易政策方面,小布什基本恪守自由贸易主张,发起了WTO多哈回合谈判,并推动了一系列的区域和双边自贸区谈判。2008年金融危机以来,美国霸权进入新的衰退阶段(霸权衰退2.0阶段),一直延续至今,经历了奥巴马、特朗普和拜登3位总统,这可以视为美国霸权第二次衰退阶段(2008年至今)。

---

[1] Wince-Smith D. L, "The Challenge of Technology Competitiveness in the United States", *Canada-United States Law Journal* 19(1993), p. 191.

三、其他大国崛起背景下美国的经济治国方略（2008—2020年）

什么是这一阶段美国的财富-权力战略？这一阶段经历了奥巴马、特朗普和拜登3位总统。其经济治国方略和经济实力运用的主要特征是：联邦政府的作用大幅增加，大规模救助计划先后出台；跟其他大国开展战略竞争；财富端向权力端的转化大幅增加；高度重视包括经济安全在内的国家安全。特朗普时期，美国大规模动用经济力量，旨在重塑国际经济秩序，维持美国的霸权地位。特朗普执政期间，美国对外经济援助屡创历史新高，其中2020年达到了历史峰值555.9亿美元。这是美国财富端向权力端转化的典型政策表现。拜登执政的头一年，美国的国防开支就达到了创纪录的7 548.5亿美元，对外经济援助也高达353.8亿美元。这说明，美国即使在遭遇新冠疫情冲击和从阿富汗撤军的背景下，其财富-权力战略丝毫没有打折扣，而是开足国家机器马力，增加财富供给，满足权力端的需求。拜登对经济实力运用的需求和实践是史无前例的。面对百年一遇的新冠疫情，拜登政府最重视的是内政，尤其是财富的生产环节。2021年美国财政支出预算为10.43万亿美元，为2012—2021年这10年最高，其中医疗保健、福利、养老金占比靠前。在"重建美好"（build back better）愿景下，拜登政府推出总额约6万亿美元的"美国救援计划""美国就业计划"和"美国家庭计划"，其规模堪比当年的"罗斯福新政"。2021年，美国政府支出占GDP比重高达45.79%，甚至超过第二次世界大战最后一年1945年的45.62%[①]。

四、美国经济治国方略和经济实力运用的范式演变

从历史上看，美国自建国以来，大致采取了3种经济治国方略的范式，并发展出一些符合美国国情，具有美国特色的变体，如第二次世界大战后的自由制度主义和新自由主义，都是自由主义范式的变体（见第二章表2-1 近代以来西方霸权国/赶超国的经济实力运用/治国方略）。美国在

[①] "Government Spending". 详见https://www.usgovernmentspending.com/spending_chart_1940_2026USp_23s2li111mcny_F0t。

1776年独立之后，首先实施的是汉密尔顿的重商主义，强调制造业的发展。1898年美西战争爆发后，开始实施帝国主义。第二次世界大战后开始实施自由制度主义。20世纪80年代又开始实施新自由主义。2008年金融危机后，美国经济治国方略是重商主义、帝国主义和自由主义的混合体。在特朗普执政时期，美国实施更多的是重商主义，也叫"经济民族主义"。

对美国政坛来说，"经济民族主义"并不是什么新词儿。事实上，早在第二次世界大战前，美国的政策就已经青睐过经济民族主义。在美国独立战争胜利后，美国政治家们就认为高关税和保护本土企业对削弱英国影响和加速美国工业化至关重要。这种情况贯穿18世纪和19世纪[1]。这种倾向在1930年通过的《斯姆特-霍利关税法》(the Smoot-Hawley Tariff Act of 1930)中得到了最充分的体现。为了在大萧条中保护美国制造业不受外来竞争威胁，这项法案提出了近900项进口税。当时这一法案遭到绝大多数现代经济学家的反对。他们担心这会把美国经济衰退转变成世界性的经济大萧条。结果也正如这些反对者所预料的，这项法案激起全世界其他国家的报复，纷纷对美国征收了报复性的高关税，导致美国之后几年的出口严重受创。尽管多数经济学家并没有把全部责任归咎于这一项经济政策，但当时的共识是，这一政策的确加剧了整个国家的经济混乱[2]。

直到富兰克林·罗斯福当选总统后，这一趋势才得以扭转。富兰克林·罗斯福当时的国务卿科德尔·赫尔（Cordell Hull）是自由贸易的坚定支持者。为了平复《斯姆特-霍利关税法》造成的伤害，他开始着手同其他国家协商签订自由贸易协定，降低美国和签约国之间的关税。在第二次世界大战同盟国取得胜利之后，当时的国际社会普遍认为增强经济一体化有助于重建战争后的经济，美国也积极推动《关贸总协定》(the General Agreement on Tariffs and Trade, GATT)的签署。在之后的几十年中，成员之间多次会面，协商进行更大规模的关税削减。关税壁垒的降低和经济一体化的增强也

---

[1] Morrison S. P., "7 Protectionist Presidents-America's Hidden Trade History", January 20, 2017, http://www.nationaleconomicseditorial.com/2016/12/22/americas-protectionist-history/.

[2] Phalan T., "The Smoot-Hawley Tariff and the Great Depression", February 29, 2012, https://fee.org/articles/the-smoot-hawley-tariff-and-the-great-depression/.

是当时美国外交政策的重要组成部分。美国政府认为，经济联系和军事联盟能够帮助对抗苏联的经济封闭。

在这个过程中，美国倾向于支持像《关贸总协定》这样的全球性协议，而不喜欢小圈子内部的国家间贸易协定。不过这种情况到了20世纪80年代初也开始发生变化。当时美国意图发起新一轮的关贸总协定谈判，但是却失败了。与此同时，加拿大提出愿意同美国建立双边开放的贸易协定。1988年，美、加两国的自由贸易协定达成。之后很快就变成了美国、加拿大和墨西哥在1993年达成的《北美自由贸易协定》。但是在克林顿政府刚刚完成《北美自由贸易协定》之际，国内就逐渐响起了反对的声音，认为美国支持全球化的战略有问题。反对派表示，《北美自由贸易协定》是在摧毁美国中产阶级的根基，让他们不得不跟廉价的外国劳动力进行竞争，这不公平；而且这些协定重视经济收益，却罔顾劳动者的利益。1994年，美国在乌拉圭回合谈判中选择支持世界贸易组织的建立，而且这样的组织正是经济民族主义的死敌；世界贸易组织作为一个国际组织，要想实现积极的成员间合作，在谈到贸易政策时，不可避免地需要各国牺牲一部分主权。虽然有反对的声音，但是自由贸易的洪流势不可当。在总统乔治·W.布什任期内，他同约旦、智利、新加坡、摩洛哥、澳大利亚、中美洲及多米尼加共和国、巴林、阿曼、秘鲁、哥伦比亚、巴拿马和韩国完成了双边贸易协定谈判或签署生效。在奥巴马的第一届任期内，贸易并不是他首要的关注对象；但在他的第二届任期中，他着手推动《跨太平洋伙伴关系协定》（TPP）的建立。这是一项广泛的、多国参与的贸易协定。然而在2016年的总统竞选中，美国国内的风气一下变为反对此类贸易协定了。民主党总统候选人伯尼·桑德斯（Bernie Sanders）之所以能在开始的竞争中脱颖而出，是因为他传达出了孤立主义、反自由贸易的政见，迫使中立派的希拉里·克林顿不得不接受他的部分政见，以便将他的支持者拉拢进自己的阵营。同样，特朗普一贯反对现存贸易协定的观点，也让其他更保守的共和党候选人不得不听从他的政治意见[①]。

回顾自1994年1月1日北美自贸区生效至今近30年来，美国仅谈成了《美国–多米尼加–中美洲自由贸易协定》（CAFTA-DR），其他启动谈判的区域自贸协定，如美洲自由贸易区、中东自由贸易区倡议（MEFTA）、《美国–南部非洲关税联盟（SACU）区域自由贸易协定》《美欧跨大西洋贸易与投资伙伴关系协定》（TTIP）和《跨太平洋伙伴关系协定》（TPP）均以失败告终。

美国商签区域自贸协定屡遭失败的背后，有三大困境。

（一）"逆全球化"困境

由于当前的全球治理体系及国际制度发展滞后，无法解决国家的关切问题，致使反对全球化思潮兴起，并激起美国等国一系列"逆全球化"举动。当前全球化的倒退始于建立布雷顿森林体系的西方发达国家，特朗普主义和英国脱欧只是这波"逆全球化"浪潮的典型表现。过去30年间，大多数美国人收入增长缓慢，中产阶级数量减少，美国从全球化的倡导者逐步转为逆全球化的推动者。在2017年特朗普当选美国总统之前，美国就已经出现了"逆全球化"趋向；而当特朗普上任后，做出了一系列试图与全球化脱钩的政策行为，包括不鼓励美国制造业外包、对进口商品加征关税、限制移民以及其他"退群""建群"等行为。

除政治影响外，"逆全球化"也给美国带来了经济风险。例如，全球化是当今低通货膨胀和低利率的主要驱动因素。如果将这一过程逆转，可能最终会将价格和利率推向另一个方向。美国政府和企业的借债规模远远超过其他任何国家，关税和贸易摩擦的增加将削弱金融全球化，美国的跨国公司利润和股市财富都将大幅下降，外国对美国国债的需求也将大幅下降。这些将不利于美国的对外经贸合作前景。新冠疫情也使得全球合作受阻加剧。"逆全球化"趋势将加重国家间的贸易保护主义和孤立主义，深刻地影响全球合作格局。

---

① Destler I. M., "America's Uneasy History with Free Trade", September 26, 2016, https://hbr.org/2016/04/americas-uneasy-history-with-free-trade.

（二）美国的霸权困境

美国相对实力衰退后，难以啃下"大块头"自贸区对其进行安排。第二次世界大战后的美国通过建立布雷顿森林体系，开启了自由贸易的多边主义时代。随着霸权的衰落，贸易政策又会回归保护主义，甚至禁止主义，从而构成一个历史循环。在第二次世界大战后，美国霸权最强大，建立了全球多边贸易秩序和体系；在美国霸权衰落时，美国只能回归区域主义。现在随着美国霸权的进一步衰落，美国连开放区域主义的底线都无法坚持，逐步沦为封闭区域主义或双边自贸区。

在冷战后地区间关系的演变过程中，希拉里·克林顿的地区合作政策是一个转折点：希拉里·克林顿从传统的全球多边主义转向地区多边主义。然而，这一变化从本质上是基于经济利益考虑的，但同时也是服务于美国霸权相对衰落的需要。美国主导的APEC、FTAA和新跨大西洋议程与南方共同市场、东盟以及欧盟这类合作层次更深入的地区组织出现了激烈冲突。这是因为相较于后面3种地区组织类型，美国并不热衷于一体化程度如此之高的合作形式，因为这既不符合美国的经济利益需要，也会威胁到美国的全球霸权。

2001年"9·11"事件后，乔治·W.布什试图将这一地区间合作的未竟事业置于安全考虑之下；也因此，这一时期美国在地区间合作方面基本上一事无成。这一结果证实了克林顿和小布什试图通过地区间安排（无论是以自由贸易还是安全为重点）重振日渐衰落的霸权主义和美国领导的多边主义的努力最终宣告失败。

（三）美国国内政治困境

2008年遭受金融危机后，美国国内经济社会矛盾进一步加剧，贫富差距加大，中产阶级收入长期得不到提高，民粹主义势力的上升，劳工团体和两党政治限制了美国政府对外经贸合作。这些社会背景逐步瓦解了美国国内社会对自由贸易和区域主义的共识。美国参议员伯尼·桑德斯频繁在公开场合抨击自由贸易，反贸易情绪也促使此前称TPP为贸易协定"黄金标准"的希拉里·克林顿反对TPP，特朗普的支持者甚至更加反对自由贸易，明显背离了两党近80年来对自由贸易的支持共识。在采取更多措施缓解贸易自由化造成的混乱之前，美国国内社会很难对未来的贸易协定提供更多的支持。

　　拜登和他的幕僚们以及美国的智库、前政要多有对特朗普时期经济实力运用方略的反思与批判。对于特朗普的全球贸易战，美国内部是很有意见的。例如，美国前财长雅各布·卢（Jacob Lew）早在2018年就在《外交事务》上撰文批评，特朗普是滥用了美国的金融实力，其经济实力运用方略是失误的[1]。还有很多专家批评特朗普极限施压的政策只有"大棒"，没有"胡萝卜"，其经济外交的实施效果很差[2]。但不管如何批评特朗普的经济实力运用，有一点是确定的，即特朗普总统与其前任相比，其利用经济杠杆攫取安全和经济利益的频次和力道是非常突出的[3]。特朗普认为，过去几任美国总统没有使用美国巨大的实力从盟友或对手那里达成更好的交易[4]。

---

[1] https://www.foreignaffairs.com/articles/world/2018-10-15/use-and-misuse-economic-statecraft?utm_source=google&utm_medium=cpc&utm_campaign=gap_ds&gclid=Cj0KCQjw3v6SBhCsARIsACyrRAkbvuy4hu9rnrlbnaCkJd5Ol5LvqOxx7c6JkYH1xfMOFtdmWRNt3A8aAsXBEALw_wcB.

[2] Daniel W. Drezner, "Economic Statecraft in the Age of Trump", *The Washington Quarterly*, 2019, Vol.42, No.3, p.8.

[3] Daniel W. Drezner, "Economic Statecraft in the Age of Trump", *The Washington Quarterly*, 2019, Vol.42, No.3, p.7.

[4] Daniel W. Drezner, "Economic Statecraft in the Age of Trump", *The Washington Quarterly*, 2019, Vol.42, No.3, p.13.

第四章 欧盟的经济实力运用

近年来，有关欧盟经济实力运用（EU economic statecraft）的研究日渐兴盛起来。欧盟对外关系委员会（ECFR，以下简称欧委会），作为一家专门研究欧盟对外政策的智库，启动了"保护欧洲免遭经济强制任务组"[1]，推出有关欧盟经济实力运用的系列文章，推动欧盟层面出台"反经济强制工具"（Anti-Economic Coercion Instrument）[2]、"欧盟韧性基金"等[3]。比利时皇家国际关系研究所、布鲁盖尔研究所（Bruegel）、欧洲政策研究中心（CEPS）、欧洲国际政治经济研究中心（ECIPE）等智库都有专门人员研究欧盟等经济实力运用问题[4]。

与美国不同，经济实力运用方略（economic statecraft）对欧盟而言是一个相对陌生的概念，2020年以前很少有人提及。早前，与经济实力运用相关的概念是经济外交（economic diplomacy）。荷兰国际关系研究所资深研究员马艾克·冈野-海曼斯（Maaike Okano-Heijmans）区分了经济外交与经济实力运用两者之间的差别。她指出，经济实力运用概念更重视权力作用，经济外交概念相对而言不那么强调权力作用[5]。但在地缘政治冲突愈演愈烈，大国竞争日益成为时代主旋律的背景下，欧盟机构很快发现亟须动用自己的经济实力来维护自身经济和外交利益，于是在2016—2017年欧盟曾考虑出台一份经济外交战略文件，但最终没能成功。

当时的情况是这样的：2016年2月24日，欧委会的官方智库欧洲政治战略中心组织了一场名为"经济外交与对外政策：朋友还是敌人？"的研讨

---

[1] European Council on Foreign Relations, "Economic Coercion", https://ecfr.eu/europeanpower/economic-coercion/.

[2] Jonathan Hackenbroich, "Europe's new economic statecraft: A strong Anti-Coercion Instrument", 1 April 2022, https://ecfr.eu/article/europes-new-economic-statecraft-a-strong-anti-coercion-instrument/.

[3] Jonathan Hackenbroich, "Europe's new economic statecraft: Unity through a European Resilience Fund", 29 March 2022, https://ecfr.eu/article/europes-new-economic-statecraft-unity-through-a-european-resilience-fund/.

[4] Alicia Garcia-Herrero, "Chinese economic statecraft: what to expect in the next five years?" Chapter from "Storms Ahead: the Future Geoeconomic world order' on the expectations from the next five years of Chinese economic policy", Bruegel Publications, 27 October 2021, https://www.bruegel.org/2021/11/chinese-economic-statecraft-what-to-expect-in-the-next-five-years/.

[5] Maaike Okano-Heijmans, *Economic Diplomacy: Japan and the Balance of National Interests*, (Martinus Nijhoff Publishers, 2013), footnote 4, p.18.

会，时任欧委会副主席、主管贸易政策的芬兰人卡泰宁（Jyrki Katainen）发表了主旨演讲。研讨会现场集聚了欧盟政产学界的精英人物，探讨政治与经济目标、工具如何结合，如何在政治与经济利益之间做出取舍[①]。这次研讨会可以视为欧盟从2016年起推进经济外交的先声。为推进欧盟层面经济外交战略的制定，欧盟对外行动总署（EEAS）还专门设立了一个大使级别的经济外交顾问岗位，负责经济外交战略文件的制定。但由于两方面原因，这份战略文件最终没有发布出来。一方面是因为，欧盟成员国之间对什么是经济外交看法不一致。一部分成员国认为经济外交就是贸易和投资促进，属于成员国权限。另一部分成员国包括欧委会则认为，欧盟层面需要统一协调经济外交政策，以此更好地运用经济实力和手段来实现欧盟层面的对外政策目标，因此欧盟在经济外交问题上亦有权限。另一方面原因则是，欧委会内部对如何协调经济利益与战略利益看法不一致。欧委会负责贸易的部门不太倾向于将贸易政策工具"武器化"，但欧盟负责外交政策的对外行动总署则倾向于利用贸易、货币和金融工具实现对外战略利益。因此，欧盟层面最终没有推出经济外交战略文件。

然而形势逼人。在2017年特朗普上台和2020年新冠疫情全球蔓延的大背景下，欧盟发现自己生活的环境远未进入伊曼努尔·康德憧憬的永久和平的世界，大国间的博弈和"缠斗"仍在继续，相互依存也越来越被"武器化"，安全问题越来越多地占据政策议程的最前端。于是，欧盟发现自己作为一支世界上主要的经济力量，最能使用、最需要使用和最擅长使用的依然是自己的经济实力，于是尝试通过其他内容的战略文件继续行经济外交之实，包括欧盟在2018年推出的《连接欧洲与亚洲——建立欧盟战略的基石》战略文件。2019年11月，新一届欧委会走马上任。新一届欧委会主席、德国前国防部长冯德莱恩上台伊始，就将新一届欧委会定性为"地缘政治的欧委会"[②]，由此拉开欧盟地缘政治转向的序幕。在欧盟地缘政治转向的

---

① Event "Economic diplomacy and foreign policy: Friends or foes?", 24 February 2016, https://ecdpm.org/events/economic-diplomacy-and-foreign-policy-friends-or-foes/.

②《冯德莱恩强调欧盟在应对全球性问题上发挥领导力》，详见www.mofcom.gov.cn/article/i/jyjl/m/201911/20191102915555.shtml，2020年2月19日访问。

过程中，有关欧盟经济实力运用的讨论就逐步摆上了议事日程。在很大程度上，我们可以将经济实力运用方略视为欧盟经济外交战略的加强版和现实主义版。

一、为什么欧盟现在要强调经济实力运用？

2020年以来，欧盟经济实力运用的研究和实践有上升趋势，其背后有三方面原因。

第一，"欧洲主权"意识的觉醒。2019年接受《经济学人》采访时，法国总统马克龙强调欧洲面临三大风险之一是："忘记了欧盟是一个共同体。"美国对欧洲政策"失调"，中国力量的出现，使欧盟面临被边缘化的危险[1]。他认为最关键的是，欧盟必须成为一个政治和战略参与者，拥有一个声音和一个目标，通过建立和实施一种新形式的共同"欧洲主权"（经济、军事和战略主权），并据此采取行动来实现这一目标。由此使欧盟成为多边主义的守护者，积极保卫自己不受美国总统特朗普的变幻莫测以及各种经济和政治模式的影响[2]。为此，马克龙支持德国前国防部部长冯德莱恩担任欧委会主席人选。当时，在各成员国协商新任欧盟委员会主席人选时，马克龙最先支持处于备选名单上的冯德莱恩——这主要是因为冯德莱恩在防务等涉及"欧盟自主"的观点上与马克龙不谋而合[3]。冯德莱恩上台伊始，就提出了打造"地缘政治欧洲"的理念，将自己领导的欧委会定性为"地缘政治的欧委会"。这背后其实就是"欧洲主权"意识的觉醒，是要把欧盟转变成为一个类似于中、美、俄这样的大国战略行为体。作为欧洲外交政策重要智库的欧洲对外关系委员会，早在2019年6月就建议欧盟创立"战略主权"，学习像

---

[1] "Otan « en mort cérébrale », Europe en danger : ce qu'il faut retenir de l'interview de Macron à The Economist", https://www.ouest-france.fr/politique/emmanuel-macron/l-otan-en-mort-cerebrale-l-europe-en-danger-l-interview-alarmiste-de-macron-the-economist-6598685, last accessed on 21 March 2020.

[2] Mujtabarahman, "Europe's next crisis: The geopolitical Commission, EU's foreign policy ambitions put at risk of overreach", https://www.politico.eu/article/europe-next-crisis-the-geopolitical-commission, last accessed on 22 March 2020.

[3] 马克龙："欧洲自主"进行时，新华网，http://www.xinhuanet.com/world/2019-12/18/c_1125359913.htm。

一支地缘政治力量那样思考。这家战略型智库在题为《战略主权：欧洲如何重获行动能力》的研究报告中提出欧洲"战略主权"的概念：欧洲"战略主权"不是从成员国获取，而是从其他大国，尤其是中、美、俄手中恢复其失去的主权。一体化的力量应集中于提高成员国在全球地缘政治竞争中的能力；不是要结束相互依赖，而是要实现自主决定政策，有效地进行谈判；更好地融合和撬动欧洲不同的影响力，提高成员国独立于外部力量的能力[①]。2022年5月，法国总统马克龙在欧洲未来大会上提出建立"欧洲政治共同体"的设想，吸收乌克兰、英国加入进来，形成欧盟民主国家共同体[②]。

在追求"战略主权"的同时，欧盟致力于维护"数字主权"，旨在全球范围内恢复失去的数字经济竞争力。数据与技术领域的主导权已成为大国地缘经济竞争的"新边疆"。法国总统马克龙在2017年9月索邦演讲和2018年4月欧洲议会演讲中都提到了"数字化欧洲"的建设是实现"欧洲主权"的关键领域之一[③]。德国经济部长阿尔特迈尔和法国财长勒梅尔则在不同场合强调数据主权，认为欧洲需要掌握关键的数据基础设施[④]。2018年5月，欧盟推出《通用数据保护条例》，成为欧洲规则制定的新标杆，使得从人工智能到5G等领域相关技术与政策不断完善。以法国为代表的欧洲国家纷纷启动数字税。此外，从智利到日本，从巴西到韩国，从阿根廷到肯尼亚，越来越多类似的法律已经或即将出台，进一步印证了数字与技术领域竞争的加剧。冯德莱恩在其施政纲领中明确提出建立适应数字时代的欧洲，并强调欧

[①] Mark Leonard and Jeremy Shapiro(eds.), "Strategic Sovereignty: How Europe Can Regain Its Capacity to Act," June 2019.

[②] France24, "Macron calls for 'European political community' that could include Ukraine, UK", May 9, 2022, https://www.france24.com/en/europe/20220509-macron-calls-for-european-political-community-that-could-include-ukraine-uk.

[③] Pierre Briancon, "Five Takeaways from Macron's Big Speech on Europe's Future", September 26, 2017, https://www.politico.eu/article/5-takeaways-from-macrons-big-speech-on-europes-future, last accessed on 1 March 2020. Andrés Ortega, "Macron, Champion of European Sovereignty," September 5, 2017, https://blog.realinstitutoelcano.org/en/macron-champion-of-european-sovereignty, last accessed on 1 March 2020.

[④] Christian Borggreen, "European Tech Sovereignty or Tech Protectionism", October 30, 2019, http://www.project-disco.org/european-union/103019-european-tech-sovereignty-or-tech-protectionism, last accessed on 1 March 2020.

洲"联合为新一代技术制定标准,并成为全球规则。"①与此同时,欧盟正在加大在亚洲和非洲等地区数字领域的投入与竞争。

第二,欧盟追求"战略自主"(strategic autonomy)。2018年爆发的中美贸易战和中美之间更大范围的战略竞争,让欧洲陷入选择困境。一方面,欧盟与美国有基本一致的价值观。另一方面,美国在特朗普时期采取的许多单边措施违反国际准则,与欧盟偏好的多边主义背道而驰。因此,一个关键问题是,欧盟能否(以及如何)在维护欧美同盟关系与发展自己的战略自主权之间寻找平衡。欧盟领导人批准的《2019—2024年战略议程》中提出:"欧盟需要追求战略行动,提高其自主行动能力,以捍卫自己的利益,维护其价值观和生活方式,并帮助塑造全球的未来。"②其具体表现为捍卫多边主义、促进开放和公平贸易、设定全球标准、实现技术主权,并在防务上变得更加自主③。欧盟公开表示不必在中美之间做出选择,而应实行维护自身利益的战略自主。德国前外长马斯(Heiko Maas)在2019年说过:"在美国跨越红线时,欧洲应该成为一支平衡的力量(counterweight)。"④马克龙在2020年慕安会上传递了欧洲寻求对美独立的信号:欧洲需要自己的方式,不能总是通过美国。因为双方拥有不同的地理条件、不同的社会政策和不同的理念……欧洲需要的是自己的政策,而不仅仅是跨大西洋政策⑤。欧盟共同外交与安全政策高级代表约瑟普·博雷利(Josep Borrell)也明确提出,在

---

① Ursula von der Leyen, "Political Guidelines for the Next European Commission 2019-2024", July 16, 2019, p.13, https://ec.europa.eu/commission/sites/beta-political/files/political-guidelines-next-commission_en.pdf, last accessed on March 1, 2020.

② Jacopo Barigazzi, "Borrell urges EU to be foreign policy 'player, not the playground'," September 12, 2019, https://www.politico.eu/article/on-foreign-policy-josep-borrell-urges-eu-to-be-a-player-not-the-playground-balkans, last accessed on March 1, 2020.

③ "The Pitfalls of a 'Geopolitical' European Commission", December 26, 2019, https://balkaninsight.com/2019/12/26/the-pitfalls-of-a-geopolitical-european-commission, last accessed on March 12, 2020.

④ Moritz Luetgerath, "Why the Vision of European Strategic Autonomy Remains a Mirage", World Economic Forum, March 30, 2019, https://www.weforum.org/agenda/2019/03/why-the-vision-of-european-strategic-autonomy-remains-a-mirage/.

⑤ "Munich Security Conference: France's Macron Envisions New Era of European Strength", DW News, February 15, 2020, https://www.dw.com/en/munich-security-conference-frances-macron-envision.s-new-era-of-european-strength/a-52389586.

中美竞争时欧洲采取的是"辛纳屈主义"（Sinatra Doctrine）。他引用著名美国男歌手弗兰克·辛纳屈（Frank Sinatra）的名曲曲名来解释其外交政策："（在美国和中国之间）我们没有必要做出选择。有些人想逼我们选择，但没有必要，必须像辛纳屈的歌一样，走'我的路'（My Way）。"[1]当然，我们必须看到，美国对欧洲的掌控能力还是很强的。这种掌控能力不仅体现在北约保护伞下的军事掌控力，还体现在经济、社会和思想层面。拜登上台后积极修复美国和欧洲的跨大西洋关系，让欧盟的政治精英们似乎看到希望，但在战略自主的问题上又模糊了。

第三，"地缘政治欧洲"理念的确立。新一届欧委会在德国前国防部长冯德莱恩和欧盟外交与安全事务高级代表约瑟普·博雷利的带领下，明确将自己定位为"地缘政治的欧委会"，预示着欧盟对外政策的地缘政治转向。"地缘政治欧洲"的定位，是对此前欧盟作为"民事力量""规范力量"和"联系力量"的补充和修正。基于对自身地缘敏感性与脆弱性的新认知，加强欧盟在地缘政治世界中的力量已成为欧洲政策精英的共识。"地缘政治欧洲"包含内外双层地缘结构，不仅要加强军事力量，向陆权倾斜，还要巩固内部堡垒，强化欧洲地缘政治参与者的主体性与空间性，工具化欧盟经济力量，加大在数字与技术、基础设施领域的竞争[2]。

2022年2月24日，乌克兰危机全面爆发。乌克兰危机引发一系列全球范围的能源安全、地缘政治安全危机。对于欧盟而言，这是一个警醒。过去欧盟认为，通过对话就可以维持现有国际秩序。但这次战争彻底打破了欧盟的幻想，欧盟转而采取对俄罗斯全面的高强度经济制裁。

在上述背景下，欧盟越发觉得有必要挖掘自身散落在各政策领域的实力资源，并加强欧盟内部的协调，从而能够发挥整体力量。当前，欧盟内部正围绕经济实力运用进行大的辩论。实际上，即使在当前地缘政治的大时代，欧盟内部对于什么是经济实力运用方略而言并没有共识。对于欧洲人而

---

[1] Josep Borrell Fontelles, "European Foreign Policy in Times of Covid-19", European Union External Action Service, https://eeas.europa.eu/sites/default/files/eeas_2020.6338_european_foreign_policy_in_times_of_covid19_web_new.pdf, pp. 107-118.

[2] 解楠楠、张晓通：《"地缘政治欧洲"：欧盟力量的地缘政治转向？》，《欧洲研究》2020年第2期。

言，经济实力运用方略是一门国家中心主义的古老技艺，让人回想起18世纪的重商主义。如果将贸易、投资促进为核心内容的商业外交（commercial diplomacy）视为光谱左侧一端，那军事强力就是光谱的右侧一端，经济实力运用方略则居于光谱中间靠右的位置，经济外交则居于光谱中间靠左的位置。如果说2016年欧盟内部出现的经济外交大辩论最终导致一系列欧盟战略出台，那2020年开始的有关经济实力运用方略的大讨论必将导致欧盟一系列新的、以经济实力向权力转化为核心内容的经济实力运用文件的出台。这些经济治国方略文件有清晰的战略目标、问题领域、实施手段和承载工具。欧盟对外经济政策的"实力运用转向"意味着欧盟越来越接近成为一个事实上的战略经济力量。

二、欧盟实施经济治国方略和经济实力运用的先天不足及其补救策略

欧盟实施经济治国方略和经济实力运用，本身可能就是一个"无法完成的使命"。之所以这么说，是因为治国方略，顾名思义，是指一国的经济治国方略和经济实力运用，而欧盟不是一个单一的主权国家，其27个国家的主权并没有统一在欧洲先贤们提出的"欧洲合众国"旗下，也没有出现一个欧洲联邦。因此，谈欧盟的治国方略，首先遇到的一个难题就是欧盟权限的先天不足，与经济实力运用相关的外交、安全政策，甚至相当一部分经济权限都还掌握在成员国手中，欧盟具有的权限依然有限，只是起到一个协调、支持和补充的作用。因此，欧盟长久以来一直面临一个"能力与期望值之间的落差"。我们现在就来分析一下，欧盟实施经济治国方略和经济实力运用的先天不足及其补救策略。

（一）欧盟权限的先天不足

准确地说，欧盟是有实力的，但其权限不足，因此无法有效、高效、全面地将实力禀赋转化为其要实现的政策目标。在研究欧盟权力时，一个关键性的悖论是，欧盟散落在各领域的实力资源的总量充裕与其在具体领域权力

表现差强人意之间的矛盾。这里一个关键性的问题就是欧盟实力资源的跨部门、跨议题领域的流动难题。就经济总量而言，欧盟曾经有一段时间作为一个整体超过美国，是世界第一大经济体和贸易体。就人口、军事、科技、对外援助能力而言，欧盟拥有5亿受过相对良好培训和教育的人口，而且还处于不断扩大的历史进程中。欧盟也是世界上最早和主要的与发展中国家进行合作，提供人道主义援助的行为体，有世界上最大的发展援助预算。坦率而言，但凡欧盟能够将这些实力禀赋有效地组织起来配合使用，欧盟就将是世界上一个主要"大国"（great power）。

欧盟有非常强的经济实力，体现在欧盟与非欧盟成员国的经济关系上，主要指的是欧盟与非欧盟成员国在金融、贸易、投资、技术转让、发展援助和人道主义援助等领域形成的不对称的相互依赖关系。2003年版的《欧洲安全战略》指出："贸易与发展政策是促进改革的有力工具……援助计划、设置援助前提条件（conditionality）和针对性的贸易措施有助于实现更好的治理。"[1]

在贸易政策领域，欧洲单一市场的整体规模及其半个多世纪以来通过国际贸易协定谈判所取得的经验，使得欧盟成为世界上最强大的贸易集团之一。默尼耶（Meunier）和尼古拉迪斯（Nicolaidis）将欧盟纯粹的经济实力和其单一市场定义为"结构性权力"[2]。随着欧盟不断扩大，欧盟成为世界上最大的贸易集团。它是世界上最大的货物贸易经济体，也是服务贸易的两巨头之一。尽管欧盟的整体经济实力巨大，但真正产生影响的是它与非欧盟国家贸易关系中显示出来的不对称性。换言之，非欧盟成员国在贸易领域更依赖欧盟，而不是欧盟更依赖非欧盟成员国。这种不对称相互依赖关系也成为欧盟经济权力的最主要来源。投资带来了资本、基础设施、技术和管理经验。对外国的投资金额越大，该国就越注意与欧盟保持良好关系。欧盟作为世界上主要的投资者之一，已在许多国家进行大规模投资。双边科技合作已

---

[1] European Council, "European Security Strategy: A Secure Europe in a Better World, Brussels", December 12, 2003, http://www.consilium.europa.eu/uedocs/cmsUpload/78367.pdf.

[2] Meunier S. and Nicolaidis K., "The European Union as a Conflicted Trade Power", *Journal of European Public Policy* 13(6)(September, 2006): p. 907.

经成为推动欧盟与非欧盟成员国之间，尤其是与那些发展中国家之间贸易和经济关系的引擎。

欧盟外交政策中排第一位的"胡萝卜"当属欧盟的发展援助政策，尤其是针对欧盟成员国前殖民地的发展援助政策。据经济合作与发展组织计算，2017年欧盟的发展援助支出（包括共同体预算和欧盟成员国预算）占到全球所有官方发展援助的一半以上，达到57%，占欧盟国民总收入（GNI）的0.5%（见表4-1）。与欧盟所提供的发展援助相比，美国官方发展援助的支出仅占其国民总收入的0.18%。当时欧盟28个成员国中有4个国家的发展援助占国民总收入的比例达到甚至超过了联合国设定的0.7%。这4个国家是丹麦、卢森堡、瑞典和英国。

表4-1 官方发展援助：经济合作与发展组织发展援助委员会（DAC）成员国（折合美元）

国家	金额/百万美元	占国民总收入的比例/%
澳大利亚	2 957	0.23
加拿大	4 277	0.26
日本	11 475	0.23
新西兰	436	0.23
挪威	4 123	0.99
瑞典	5 512	1.01
美国	35 261	0.18
29个发展援助委员会成员国	146 600	0.31
欧盟机构及其成员国	85 518	0.50

数据来源：2017年发展援助委员会经济合作与发展组织数据及欧委会数据[1]。

正如美国著名的国际关系学者约瑟夫·奈所言，"具有丰富实力禀赋的国家，并不总能得到它想要的结果"[2]。这里就涉及实力运用的问题。一是实力资源的组织问题，二是实力资源的流动性问题（fungibility）。关于欧盟实力资源的运用和流动性的问题，在这里可以采用比较政治学的方法，将欧盟与传统大国进行类比，找出异同。就一个大国运用实力资源达到其目标而

---

[1] European Commission, "EU remains the world's leading donor of development assistance: €75.7 billion in 2017", Brussels, April 10, 2018.

[2] Nye J., *The Future of Power* (New York: Public Affairs, 2011), p. 8.

言，现实主义观念有3项内在的前提假定。第一，国家作为内在一致的单位行事。第二，现实主义者设定武力是可用和有效的政策工具。其他工具也可以被运用，但使用和威胁使用武力是行使权势的最有效手段。第三，部分地由于他们的第二项前提，现实主义者设定了世界政治中的一个问题等级，以军事安全问题为首——军事安全"高级政治"支配经济和社会事务"低级政治"[1]。针对这三个现实主义的前提假设，我们可以针对欧盟权力提出两个问题，即欧盟作为一个行为体实施权力的战略自主性和欧盟的非军事性，并研究欧盟是否能够以及如何克服这两个问题，从而将其实力资源转化为权势。

第一，欧盟是否能够被视作内在统一的战略行为主体？对于大多数美国国际关系学者而言，欧盟现在不是，今后也不会是一个单一的战略行为体。约瑟夫·奈认为："欧盟在贸易、货币政策、农业以及越来越多地在人权和刑法方面是统一的……但外交和防御政策的权力还主要是在成员国政府手里。钱和枪，这些传统国家硬实力的大牌还握在成员国手中。"[2] 毫无疑问，与主权国家相比，欧盟还仅仅是一个演进中的国家联合体[3]，存在双层多头结构。从权限来看，由欧盟掌握的专属权限仅有4个：贸易、农业、竞争政策和汇率。其他权限要么是共有权限，要么是成员国专属权限。在这种情况下，欧盟内部的讨价还价、相互协调是大量的和常态化的。也就是说，在欧盟开展对外谈判的过程中，欧盟内部需要先进行一系列的谈判。这就是为什么伦敦政治经济学院的史蒂芬·伍尔考克在分析欧盟经济外交行为时，将欧盟的经济外交定义为"欧盟在对外经济政策领域的决策和谈判"[4]。这里强调欧盟经济外交实施过程中存在国内和国际两个层面。与主权国家不同，欧盟利益偏好的确定需要经过两个层面，一个是在成员国层面，另一个是在欧盟层面。一般主权国家的利益集中只需要开展一次，即在国家内部开展完成；

---

[1] 罗伯特·基欧汉、约瑟夫·奈：《权力与相互依赖（第3版）》，北京大学出版社，2002。

[2] Nye, J., *Soft Power: the Means to Success in World Politics* (New York: Public Affairs, 2004), pp.78-79.

[3] 外交部：《中国对欧盟政策文件》2003年版。

[4] 史蒂芬·伍尔考克：《欧盟经济外交：欧盟在对外经济关系中的作用》，张晓通译，上海人民出版社，2015。

而欧盟需要开展两次。这就大大增加了欧盟内部开展利益置换的复杂程度和频繁程度。但同时也增加了欧盟层面对成员国和地方利益的屏蔽程度。欧委会或欧洲央行等欧盟机构可以以欧盟整体利益为由，拒绝单个或少数成员国的利益诉求。尽管欧盟成为单一的联邦国家似乎遥不可及，但从对外谈判的角度来看，只要欧盟内部有制度化的协调机制，利益置换就可以持续进行，欧盟就可以获得事实上的、有限的战略整体性和内在一致性。

欧盟的权力投放是一个内外连通的系统，具体可以分为欧盟内部和对外两个系统。第一个系统是欧盟内部的协调，主要是欧盟内部实力资源的动员、传输、整合，形成欧盟的"战略行为主体性"。第二个系统是对外谈判，是欧盟对外的权力投放。这两个系统不是彼此隔离，而是相互连通的。在欧盟的内部系统中，欧盟主要的目的是成为一个类似于其他国家的"单一""连贯"的战略行为主体。事实上，欧盟内部的工作方式就如同一个永动的谈判机器（permanent negotiating machine）[1]。正如安德鲁·莫劳夫切克（Andrew Moravcsik）所言，在"一揽子"谈判中的议题联系和补偿支付（side payments）是欧共体谈判史中一个永恒的主题[2]。而且欧盟内部的议题联系是在一种高度机制化的环境中进行的。这一机制化的环境就是在欧盟一体化进程中形成的条约、规范、机构等。欧盟机构内部、成员国之间、欧盟机构与成员国之间在这样的机制体制环境中进行着持续的、横向与纵向的谈判与利益协调。其利益置换的强度、频率和机制化程度，远远超过中国、美国等单一主权国家。在对外政策领域，《里斯本条约》通过之前，存在三大支柱的分野，其决策程序也不同。而《里斯本条约》通过之后，至少在形

---

[1] 与欧盟驻华代表团一位外交官的谈话触发了作者的灵感。这场谈话发生在2016年1月20日，北京。

[2] Moravcsik A., *The Choice for Europe: Social Purpose & State Power from Messina to Maastricht* (UK: UCL Press, 1999), p. 65.

式上，三大支柱合为一体，采取了单一的制度框架①，且都采取有效多数的投票机制。根据《里斯本条约》，欧盟设立了新的欧盟主席和对外行动总署（EEAS），制定了一整套针对所有欧盟对外政策的统一目标和决策程序。《里斯本条约》第205条将贸易和投资政策整合入欧盟对外行动，从此贸易政策在"欧盟对外行动的原则与目标框架下"（第207条第1款）制定。这些基本原则和目标主要包括：巩固和坚持民主、法治、人权和国际法原则；致力于世界和平、安全和可持续发展；推动建立一个基于牢固的多边合作和世界性良治的国际制度。

第二，欧盟的非军事性对其实力运用和权力发挥有何影响？由于缺乏强大的军事力量，欧盟在实施对外政策时不得不主要倚重非军事实力资源，特别是经济实力、规范性权力和制度权力资源。欧盟的经济实力资源主要源于欧盟内部大市场、欧元区的建立以及与第三方的经贸关系，包括欧盟相较于第三方在贸易、投资、技术转让、发展援助方面不对称的实力优势。一般而言，对第三方的投资越多，第三方将会投入更多的精力维护与欧盟的良好关系。欧盟不仅是世界上最大的投资者，还是最大的技术和设备提供方。发展援助是欧盟显著的经济实力资源。欧盟是最早与发展中国家合作和开展人道主义援助的国家。历经几十年的实践，欧盟形成了一套完善的发展援助体系，其发展援助项目遍布世界。所谓制度性权力资源，指的是欧盟内部的和对外的制度构建，包括欧盟自身的权限、掌握的政策工具和与第三国的多双边机制建设，以及当前国际秩序的领导者和守护者的角色。与前两种资源相比，制度性实力资源为欧盟实施权力战略提供了制度化环境和保障。以欧盟贸易政策为例，欧盟形成了较完备的正式和非正式的制度体系。在决策机制上，欧盟形成了以成员国和欧委会为关键行为主体的"委托-代理"模式，即欧委会在与各利益部门、非政府组织和欧洲议会进行磋商的基础上启动

---

① 详见《里斯本条约》C条款。2009年获得批准的《里斯本条约》将欧盟的三大支柱（欧共体、共同外交与安全政策和司法内政政策）合而为一，将贸易、环境、发展及人道主义援助与对外政策统一起来。《里斯本条约》规定欧盟取代欧共体，并赋予欧盟以法人地位；"刑事事务上的司法与警察合作"，与边境检查、移民、避难等民政事务一起，被归入《罗马条约》有关"自由、安全与公正区域"的新编中；将欧盟负责外交和安全政策的高级代表和欧盟委员会负责外交的委员这两个职权交叉的职务合并，设立欧盟外交和安全政策高级代表一职，全面负责欧盟对外政策。

和起草议案；理事会决定授权和批准欧委会对外商签的贸易协定。在对外方面，欧盟已经建立比较完善的贸易政策工具箱，包括共同关税、共同进口政策、贸易保护、共同出口政策。欧盟通过这些高度一体化的政策工具来发挥其制度性实力。通过协议谈判、建立伙伴关系和对话机制等，不仅在双边，而且在区域乃至全球建立起了密集的制度结构和网络。上述这些实力资源都有可能转化为欧盟的权力和影响力。

（二）欧盟权限不足情况下的补救策略——欧盟特色的财富-权力战略

在权限不足的情况下，欧盟主要通过以下6种政策工具，实现财富向权力的转化。

一是通过贸易政策实现外交与安全政策目标。一方面，《里斯本条约》将欧盟共同贸易政策与欧盟整体对外行动的原则和目标相挂钩[1]。在2015年10月14日发布的欧委会最新的贸易战略当中，欧盟主动将贸易与其他议题挂钩，以求实现外交和价值观目标[2]。具体表现就是通过给予发展中国家援助和普惠制待遇，寻求对发展中国家施加政治影响，甚至追求政治体制的改变[3]。另一方面，欧盟特别倚重自贸区或联系协定谈判实现其地缘战略目的。最典型的就是欧盟与乌克兰、格鲁吉亚和摩尔多瓦等苏联前加盟共和国商签的《深度全面自贸区协定》（Deep and Comprehensive Free Trade Agreement，DCFTA）以及欧盟与美国正在谈判中的《跨大西洋贸易与投资伙伴协议》（Transatlantic Trade and Investment Partnership，TTIP）。这类协定的地缘政治色彩非常浓厚。根据协定，DCFTA将为乌克兰提供一个贸易现代化框架，通过逐步取消关税和配额，实现市场开放以及制定针对各贸易领域的统一法

---

[1] 王宏禹：《欧盟经济外交的特点及中国的应对策略》，《欧洲研究》2014年第4期，第88-99页。

[2] European Commission, "Trade for All: Towards a More Responsible Trade and Investment Policy", October 2015, http://trade.ec.europa.eu/doclib/docs/2015/october/tradoc_153846.pdf, last accessed on February 23, 2016.

[3] Hill C. and Smith M., *International Relations and the European Union* (Oxford: Oxford University Press, 2005), p. 402.

律、标准和规范，使乌克兰的经济符合欧盟标准[①]。虽然欧盟极力避免"地缘政治"一词，但DCFTA仍被很多学者视为其地缘战略的一部分，为维护欧盟周边地区稳定和欧盟东扩战略提供支持[②]。欧盟贸易委员塞西莉亚·马尔姆斯特伦在2015年的演讲中也强调DCFTA对欧盟安全的重要性[③]。由于该协定针对的乌克兰是俄罗斯的传统盟友和重要贸易伙伴，结果该协议引起俄罗斯的强烈不满和抵制[④]。乌克兰前总统亚努科维奇推迟签署DCFTA甚至导致了乌克兰的国内政治危机，在俄罗斯和北约干预后最终酿成"乌克兰危机"和克里米亚地区并入俄罗斯。

二是扩盟政策。欧盟的扩盟政策是其通过设立前提条件来实现经济实力向政治权力转化的主要手段。这是一般传统大国通过和平方式所无法实现的。欧盟在1993年哥本哈根首脑会议确定严格的入盟标准即"哥本哈根标准"：①建立稳定的机构以保障民主、法治、尊重人权和保障少数民族权益；②具备正常运转的市场经济体制和应对联盟内部竞争压力及市场力量的能力；③具有履行成员国义务的能力，包括赞同政治、经济和货币联盟的目标。1999年《阿姆斯特丹条约》明确规定入盟的政治标准：申请国必须具有一个民主政治体制。如果在入盟后有践踏民主和违反人权的行为，欧盟通过成员国一致表决，可暂时停止该成员国在欧盟中的一些权力；且将政治标准视为决定欧盟何时申请启动入盟谈判的先决条件[⑤]。通过扩盟政策，新入盟国家可以获得政治、经济多方面的收益。政治上的收益，新入盟国家通过加入欧盟，一是可以提升国际地位，二是可以参与欧盟决策，三是提升自身

[①] EU-Ukraine Deep and Comprehensive Free Trade Area, April 17, 2013, http://trade.ec.europa.eu/doclib/docs/2013/april/tradoc_150981.pdf.

[②] Studdart A., "Europe's Trade Strategy at a TTIP-ING Point", *Global Economics Monthly*, Volume III, July 7, 2014, http://csis.org/files/publication/140731_Global_Economics_Monthly_Vol_3.pdf.

[③] Malmström C., "The Geopolitical aspect of TTIP", Speech at ALDE hearing on TTIP, Brussels, June 3, 2015.

[④] 新华网，"与欧盟签署联系国协定对乌克兰意味着什么？"，2014年6月28日，详见http://news.xinhuanet.com/world/2014-06/28/c_1111358669.htm.

[⑤] 陈志敏、古斯塔夫·盖拉茨：《欧洲联盟对外政策一体化——不可能的使命？》，时事出版社，2003，第289-291页。

国家形象①。经济上的收益。首先，欧盟成员国地位从根本上改变了新成员国的规制环境。新成员国的政府和企业必须接受欧盟法规的约束。其次，加入欧洲单一市场，促进了新成员国贸易和投资规模的增长，商品、服务、资本和人员的自由流动增强了经济的活力。再次，新成员国可获得欧盟基金。该基金不仅促进新成员国基础设施等领域的改善，也推动成员国的经济发展②。最后，欧盟对落后成员国及其地区会实施区域援助。自欧共体成立以来，历经数次扩大，由原来的6个成员国扩展到现在的27个。欧盟正是充分利用其吸引力，对其他希望加入欧盟的国家广泛使用"胡萝卜"政策。通过扩盟政策中蕴含的经济硬实力，欧盟将其自由、民主、法治等规范性权力目标扩展到中东欧和东南欧的前社会主义国家中去。也就是通过此种方式，欧盟重塑了冷战后的欧洲秩序。

三是经济制裁。经济制裁的实质就是通过强制性的经济硬实力，达到政治和安全目的。对于欧盟而言，经济制裁是其实施共同外交与安全政策的重要工具③。截至目前，欧盟对包括俄罗斯、中国、伊朗、叙利亚、缅甸、海地等30多个国家的制裁依然有效，其中大多数的制裁措施都包含经济制裁内容④。例如，在乌克兰危机中，欧盟对俄罗斯实施了多轮经济制裁，突出运用了经济实力。

四是结构性外交政策。所谓结构性外交政策，指的是欧盟通过合作协议的方式与邻国和遥远的伙伴发展联系的方式。这种外交政策的特点是，重视长期而非短期目标，通过渐进的方式来改变对方行动的条件；其权力实施的方式是以民事而非军事方式为基础；其目标是加强合作、达成共识、强化国际机制，并将多边主义推广至各个层次。这种政策并不排除强制的一面：通过设置条件，欧盟可以在对方拒绝欧盟条件的情况下剥夺对方收益；授予第

---

① Geremek B., "Thinking about Europe as a Community", in *What Holds Europe Together?*, ed. Michalski K. (Budapest: Central European University Press, 2005), pp.5-12.
② 孔田平：《试论欧盟扩大对中东欧新成员国的影响》，《欧洲研究》2014年第4期。
③ European External Action Service, "Sanctions Policy", http://eeas.europa.eu/cfsp/sanctions/index_en.htm.
④ European Commission, "European Union Restrictive Measures (Sanctions) in Force", April 20, 2016, http://eeas.europa.eu/cfsp/sanctions/index_en.htm.

三方进入欧洲大市场的准入权或者对第三方提高关税[①]。结构性外交政策亦被称作"合作政策"或"合作权力"(cooperation power)。

五是"大交换"战略(grand bargain)。其主要载体是欧盟与第三国签署的包含众多议题领域的混合协定[②]、建立的战略伙伴关系[③]和峰会制度。"大交换"的谈判方式并不是欧盟独有,而是普遍应用于大国间政治博弈和多边谈判。例如,在 WTO 内部的谈判模式,就是将多项议题组织起来,进行"一揽子谈判",实施"大交换"。这种谈判方式有助于实现利益总体平衡,对跨国谈判过程中国内利益受损的部门和团体进行补偿,从而有利于国内达成一致。这种"一揽子"的谈判方式对于欧盟这样一个非军事力量而言尤其重要。通过这种长期的全面合作伙伴关系,欧盟可以对另一方进行长期的、潜移默化的塑造。

六是向欧盟之外国家借力的"谈判方联系"战略(linkage with third party)。"谈判方联系"的提法最早见于塞比纽斯1983年在《国际组织》上发表的一篇论文——《谈判算术:增加和减少议题和谈判方》[④]。他认为,在谈判当中,议题和谈判方的数量本身就是谈判中的变量。增加那些对谈判实质能产生影响或在谈判中有实质利益的谈判方,将增加一方的谈判筹码或合法性。在欧盟外交政策实践中,增加谈判方的例子比比皆是。事实上,在欧盟开展对外谈判时,识别利益攸关方、构建谈判联盟是关键的一步。联盟对象的选择并无规定,可以是欧盟之外的传统大国,也可以是发展中国家、小国。只要能够增强欧盟的谈判地位,欧盟都会考虑。但我们同时发现,在跟与欧盟价值观不同的政治军事强国谈判时,欧盟往往选择向美国借力。欧盟

[①] 马里奥·泰洛:《国际关系理论:欧洲视角》,潘忠岐等译,上海人民出版社,2011,第180页。
[②] 荷兰著名国际法学者亨利·谢尔莫斯(Henry Schermers)从实质和程序意义上综合考量,将混合协定界定为,"由国际组织、部分或全体成员国以及一个或更多的第三国作为缔约方,并且国际组织与成员国均不享有其全部实施权能的一种条约类型"。见Schermers, H.G., "A Typology of Mixed Agreements", in O'Keefe and Schermers(eds.), *Mixed Agreements*, Nijhoff, 1983, pp. 23-27. 其他欧盟法学者在对混合协定定义时也基本上遵循了他的思想。
[③] 在前任欧盟外交与安全事务高级代表卡瑟琳·阿斯顿的推动下,欧盟提出与巴西、加拿大、中国、印度、日本、墨西哥、俄罗斯、南非、韩国、美国10个重要国家建立战略伙伴关系。
[④] James K. Sebenius, "Negotiation Arithmetic: Adding and Subtracting Issues and Parties", *International Organization* Vol. 37, No. 2(Spring, 1983): 307.

对美国始终持一种矛盾心理，既想摆脱美国的束缚，寻求自身的"独立性"，又发现始终无法真正离开美国。在这种矛盾心理的驱使下，欧盟形成了一种与美国若即若离的谈判方联系战略，即在全球政治经济的舞台上，欧盟时刻观察美国，根据利益的需求选择与美国"搭伙"或"散伙"、跟随或单干、合作或竞争。

在当前的时代背景下，欧盟有关战略自主性、欧盟非军事性问题的讨论愈加热烈，由此引出了欧盟内部强调经济实力运用的讨论。其核心目标是加强欧盟对各种实力禀赋（尤其是经济实力禀赋）的协调使用，从而达到欧盟对外政策目标，即我们在研究经济实力运用中最看重财富向权力的转化。现在对于欧盟的财富-权力战略而言，已经到了箭在弦上不得不发的地步，由此推动经济实力运用问题逐步上升到欧盟对外政策议事日程的核心位置。

三、欧盟经济实力"工具箱"的更新

2020年以后，面对新冠疫情冲击、大国地缘政治博弈、乌克兰危机等各类挑战，欧盟及其成员国的政治、外交与商界精英们开始谋划新的经济实力运用方略，并迅速更新其经济实力"工具箱"。具体表现如下。

（一）大幅提升军事力量和推动经济力量工具化，打造"地缘政治欧洲"

军事力量和经济力量是实现地缘政治目标的重要工具。加强军事力量建设，推动经济力量进一步工具化，已成为欧盟现在和未来一个时期重要的政策方向。

第一，军事力量的重要性重新被关注，加强军事力量建设成为冯德莱恩欧委会的优先事项之一。新一届欧委会认为硬实力（可信的军事能力）是一个重要的工具[①]。建立"欧洲军队"已成为以法、德为代表的欧洲国家的普

[①] Stephen Brown and Davidm Herszenhorn, "Von der Leyen: EU must develop 'credible military capabilities'", January 22, 2020, https://www.politico.eu/article/ursula-von-der-leyen-eu-military-capabilities, last accessed on February 27, 2020.

遍共识。法国总统马克龙和德国前总理默克尔先后提议建立"欧洲军队"[①]。欧委会充分认识到地缘政治竞争的加剧以及自身在处理地缘政治问题上的力不从心。冯德莱恩表示:"随着危机的发展,我们必须在危机管理方面做得更多,为了在世界上更加自信,我们必须在某些领域加大力度。"2020年1月22日,冯德莱恩在达沃斯世界经济论坛上表示,欧盟是重建的大师,但必须发展硬实力,即"可信的军事能力",来影响世界大势。她强调,在外交和安全政策方面,硬实力是一个重要的工具……这些能力将是北约的补充但又与北约不同。[②]冯德莱恩支持"欧盟军队"的概念,至少作为一种修辞来呼吁提高欧盟的集体军事和防御能力,而不是字面上穿欧盟制服的士兵。约瑟普·博雷利(Josep Borrell)表示,随着"地缘战略竞争的重生,尤其是中国、俄罗斯和美国之间的竞争,欧盟应加快步伐,成为真正的地缘政治参与者,否则欧洲可能沦为其他大国的游乐场(playground)"[③]。他赞同提高欧盟军事能力,并引用荷兰首相马克·吕特(Mark Rutte)的话表示:"如果我们只宣扬价值原则,在地缘政治领域回避行使权力,我们欧洲大陆将永远正确却无关紧要。"[④]

在建立可信的军事力量方面,欧委会主席冯德莱恩提出加强欧盟国防政策的一系列主张:①增加欧盟国防基金(European Defence Fund,EDF),欧委会提议在2021—2027年为其投资130亿欧元(平均每年18亿欧元),用于资助合作防御研究和欧洲军事能力的联合开发。欧盟国防基金最大的功能

[①] 马克龙在纪念第一次世界大战结束100周年活动中表示,"只有拥有一支真正的欧洲军队才能保护欧洲"。此后,默克尔在欧洲议会演讲中就"欧洲防务概念"做出更清晰的表达,认为欧盟需要建立军队,并支持欧洲快速反应部队,实行共同的军事采购政策,为提高欧盟在对外政策领域的决策效率,还建议设立欧洲安全理事会,甚至提出要在条约范围内废除安全政策领域内的一致同意原则。Rinus, "France's Macron Pushes for 'True EuropeanArmy'", BBC, November 13, 2018, https://www.bbc.com/news/world-europe-46108633, last accessed on March 11, 2020.

[②] Von der Leyen: "EU must develop 'credible military capabilities'", January 22, 2020, https://www.politico.eu/article/ursula-von-der-leyen-eu-military-capabilities, last accessed on February 27, 2020.

[③] Jacopo Barigazzi, "Borrell urges EU to be foreign policy 'player, not the playground'", December 9, 2019, https://www.politico.eu/article/on-foreign-policy-josep-borrell-urges-eu-to-be-a-player-not-the-playground-balkans, last accessed on March 1, 2020.

[④] Peter Teffer, "Rutte Warns EU to Embrace 'Realpolitik' Foreign Policy", https://euobserver.com/world/144162.

在于，它可以为欧洲国防工业的进一步整合甚至一体化设定参数标准①。②确保欧洲防务的工业支柱和战略支柱之间有一定程度的衔接。地缘政治委员会已经采取了若干措施，其中一项措施包括通过所谓的"能力开发流程"（Capability Development Process，CDP），让欧洲防务局②（European Defence Agency，EDA）识别欧洲需要的能力，并确保欧盟国防基金（EDF）分配以能力开发流程（CDP）为指南针③。另一项措施是为与"永久结构合作"（permanent structured cooperation，PSCO）有关的项目提供更多的资金。③加强欧盟防务政策各要素之间的一致性。冯德莱恩在2020年12月1日进一步修订的任务书中，指示负责管理欧盟国防基金的欧委会内部市场委员布雷顿（Thierry Breton）与欧盟外交与安全政策高级代表兼副主席博雷利"密切合作"，并让高级代表参与决定如何分配国防基金。此外，地缘政治委员会将在政治层面建立协调结构，类似于上一届欧委会的国防联盟项目小组，并新成立国防工业和航天总局（Directorate General for Defence Industry and Space）④。

第二，经济力量日益成为欧盟的地缘政治工具。随着大国地缘政治博弈加剧，贸易和投资已成为地缘政治的核心。欧委会已深刻认识到"软实力"不足以应对挑战，但军事力量短时间内难以实现重大突破，且出于对核威慑的恐惧和利益攸关考虑，国际社会对待军事工具相对谨慎。当前欧洲的核心地缘工具是经济力量，即市场力量、欧元、贸易和竞争政策等⑤。冯德莱恩宣布建立"地缘政治委员会"，暗示着欧盟要适应权力的世界，明确欧盟要

---

① Luis Simón, "A geopolitical Commission? Beware the industrial-strategic gap in EU defence policy", October 1, 2020, http://www.realinstitutoelcano.org/wps/portal/rielcano_en/contenido?WCM_GLOBAL_CONTEXT=/elcano/elcano_in/zonas_in/ari1-2020-simon-a-geopolitical-commission-beware-the-industrial-strategic-gap-in-eu-defence-policy, last accessed on March 1, 2020.

② 欧洲防务局的负责人是欧盟外交与安全政策高级代表兼欧盟委员会副主席约瑟普·博雷尔。

③ "For a comprehensive overview of the different EU defence initiatives and how they relate to each other see Pedro A,", Serrano de Haro（2019）. "The bundle of sicks: a stronger European defence to face global Challenges," Working Paper nr 03/2019, Elcano Royal Instituto.

④ 同②。

⑤ Stefan Lehne, "How the EU Can Survive in a Geopolitical Age", February 25, 2020, https://www.sogou.com/link?url=hedJjaC291O--yITfD75itcNzMaa8qqsPua8OnE6r-rgGLVeisculoo-TmnPnKOsoFtZSJBjfjre8GzpTZSxqLpt7ChLG3LsuFiK5gYGZLZKgEF_nldd7A, last accessed on March 27, 2020.

通过经济力量实现政治意图。

欧盟拥有世界上最大的单一市场以及重要性仅次于美元的世界货币欧元，其经济力量是实现"地缘政治欧洲"最强大的工具。在欧委会《2019—2024年战略议程》中，冯德莱恩表示："作为最大也是最富裕的内部市场的欧盟，对于出口国具有吸引力，欧洲希望更好地利用其作为贸易超级力量的战略杠杆。同时，强化贸易在实现国内繁荣和对外输出价值观与标准方面的作用，尤其是通过贸易协定推广欧盟可持续理念和气候、环保与劳动标准[①]。以竞争政策为例，近年来，欧盟已经通过包括《欧盟外资安全审查条例》、贸易救济工具在内的一系列立法，地缘政治委员会将继续加大对包括5G、人工智能和绿色技术等战略行业领域的资金和制度支持以及安全保护，如2020年1月29日，欧盟正式发布防范与竞争兼具的5G网络安全"工具箱"。欧委会也在加速修订补贴法、竞争法以应对来自欧盟以外的不公平竞争。

（二）推动构建"主权欧洲"，维护欧洲"经济主权"

第一，经济主权成为当前欧盟经济治国方略的核心诉求。随着金融信息和网络通信中心在国际舞台崛起，美国和欧盟成员国等越来越多的国家开始意识到利用网络特性将经济领域的相互依赖武器化，并为此积极展开行动。国家经济安全意识大幅提升，经济对国家安全的重要性上升到国家利益的优先地位。欧盟处于国际经济网络结构的中心，保障经济独立与安全是欧盟发展地缘经济的核心目标。比利时皇家国际关系研究所研究员托比亚斯·盖尔克（Tobias Gehrke）提出，欧盟应制定新的经济安全方针，警惕欧盟面临的地缘政治安全风险——对战略物资和产业的经济依赖[②]。欧洲当前力主的"开放性战略自主"（open strategic autonomy）意味着，欧洲在商业开放与保护其企业和消费者免受不公平竞争和敌对行动的影响之间取

[①] Ursula von der Leyen, "Political Guidelines for the Next European Commission 2019-2024", July 16, 2019, p.13, https://ec.europa.eu/commission/sites/beta-political/files/political-guidelines-next-commission_en.pdf, last accessed on March 1, 2020.

[②] Tobias Gehrke, "Beyond Corona: Getting EU Economic Security Right", Egmont Institute, no.127, 2020, p.3.

得适当的平衡①。"经济主权"的提出更是欧盟对重视经济安全的诠释。2020年，欧洲对外关系委员会欧洲经济主权保护项目负责人乔纳森·哈肯布罗伊奇（Jonathan Hackenbroich）联合包括欧洲对外关系委员会亚洲方案主任扬卡·奥特尔（Janka Oertel）在内的多位研究人员编写并发布了题为《捍卫欧洲经济主权：抵制经济胁迫新途径》的政策报告，提出了包括欧洲集体防御工具在内的一系列帮助欧洲抵御经济胁迫的工具及措施，以保护和加强欧洲在地缘经济领域的主权②。

在许多欧洲学者看来，经济主权意味着欧盟有能力参与定义全球经济规则，强调增强欧洲科学研究基础，营造公平竞争环境，保护对欧盟成员国安全至关重要的资产免受欧盟以外国家干预，并加强欧洲货币和金融自主权。经济独立与行动自由是欧洲经济主权的根本。欧洲经济主权取决于持续的技术创新、贸易和投资渠道开放，以及与大国的非对抗性关系。欧盟及其成员国共同努力维护经济独立的集体能力是欧洲公民的价值观基础③。欧洲对外关系委员会执行主任马克·莱昂纳德（Mark Leonard）等人士提议，欧盟建立经济主权委员会和外国投资委员会，以促进经济和政治决策之间进行更大程度的融合④。

为了追求经济战略主权，欧盟积极增强产业链韧性，推进绿色转型，维护经济产业安全。在参与世界地缘经济竞争的过程中，欧盟小心应对与其他贸易大国之间的依赖关系，密切监控自身供应网络，使生产链多样化，尽量避免对单一行为体（公司、国家或地区）的依赖。当前，欧洲的创新能力落

---

① Valdis Dombrovskis, "Between open economy and geoeconomics: Will Trade be enough to promote the EU Recovery Plan abroad?", Brussels, November 11, 2020, https://ec.europa.eu/commission/commissioners/2019-2024/dombrovskis/announcements/eu-ambassadors-conference-speech-evp-dombrovskis-between-open-economy-and-geoeconomics-will-trade-be_en.

② Jonathan Hackenbroich, "Defending Europe's Economic Sovereignty: New Ways to Resist Economic Coercion", European Council on Foreign Relations, October 2020.

③ Jean Pisani-Ferry, Guntram Wolff, "The Threats to the European Union's Economic Sovereignty: Memo to the High Representative of the Union for Foreign Affairs and Security Policy", *Bruegel Policy Brief*, 2019.

④ Mark Leonard, Jean Pisani-Ferry, Elina Ribakova, et al., "Securing Europe's Economic Sovereignty", *Global Politics and Strategy*, vol. 61, no.5, 2019, pp.75-98.

后于美国和中国①。为了保持全球竞争力，提高创新能力，欧盟大力发掘数字革命中的机遇，激发国内数字经济模式成长和扩大，不断提升在数字化工具或平台薄弱、经济上容易受到损害的地区的能力，实现服务多样化。此外，大国间全面性战略竞争凸显了军工联合的重要性。面对潜在的贸易壁垒、经济摩擦以及对外经济活动安全问题，欧洲各国越来越意识到欧洲的领土与防务安全不能依赖外部工业，欧洲军事力量建设需要自身工业水平、科技实力和创新能力的支撑。欧洲防务一体化再次登上欧盟事务议程，法国、德国等主要领导国加强对建立"欧洲军队"的呼吁与规划。

（三）大力实施经济外交，推进"地缘经济欧洲"议程

欧盟正积极利用与第三国的相互依存关系建立经济纽带，在赢得经济利益的同时，获取更大的政治影响力，输出价值观，并保障自身在该地区的利益安全。《欧盟印太合作战略》《欧盟—亚洲互联互通战略》《全球联通欧洲战略》以及欧盟"全球门户"倡议是欧盟一系列经济外交战略的代表，揭示出欧盟当前经济外交的重点领域与主要方向。

在参与印太地区战略竞争中，欧盟将与该地区贸易关系的规范化作为优先事项，积极参与地区政治经济秩序构建。2018—2020年，欧盟相继与日本、新加坡、越南、中国签署自由贸易协议，与东南亚国家联盟（东盟）达成战略伙伴关系协议。2021年4月，欧盟外长理事会发布《欧盟印太合作战略报告》，表示欧盟希望通过加强与印度、日本和东盟的经济联系，加速降低对中国经济的依赖。欧盟计划完成与马来西亚、泰国《伙伴与合作协定》（partnership and cooperation agreement，PCA）的谈判，并开启与马尔代夫PCA谈判；完成与澳大利亚、印度尼西亚、新西兰的贸易谈判，与印度重启贸易谈判，并开启投资谈判；完成与东非共同体《经济伙伴关系协定》（economic partnership agreement，EPA）谈判。显然，欧盟将配置更多的资源，与日本、印度、东盟等增加伙伴关系，并与该地区现有的倡议进行

---

① Jan C. Breitinger, Benjamin Dierks, Thomas Rausch, "World class patents in cutting-edge technologies", Bertelsmann Stiftung, 2020.

连接。此外，欧盟通过经济外交建立制度优势和实力基础，全面开展在该地区的经济、军事及社会活动，增强存在感和话语权，从而提升在该地区大国权力斗争中的竞争力。2021年9月，欧盟委员会发布了《欧盟印太合作战略》（The EU strategy for cooperation in the Indo-Pacific），将可持续和包容的繁荣、绿色转型、海洋治理、数字治理与伙伴关系、互联互通、安全防御和人类安全作为重点领域。2021年1月，欧洲议会通过了《互联互通和欧亚关系决议》（connectivity and EU-Asia relations），涵盖了多项欧盟在印太地区的互联互通建设项目。

（四）经济强制日益成为欧盟经济实力运用的重要工具

通过新的经济互动形式——金融和信息流动，欧盟为实现战略自主目标主动塑造战略机遇，利用全球网络抵抗来自美国、俄罗斯等大国的胁迫，同时对土耳其、伊朗等实力相对较弱的国家施加压力。也就是说，欧洲正借助其雄厚的规制性力量对国际经济秩序进行干预，积极开发包括《国际采购工具》（International Procurement Instrument）、《供应链尽职调查法》《反经济强制工具》（Anti-Economic Coercion Instrument）等。与此同时，欧美决策者利用环球同业银行金融电讯协会（SWIFT）加强对伊朗的制裁力度；欧盟理事会通过禁止向伊朗提供金融信息服务，切断与其银行业务的往来；加强对伊朗金融的制裁，以制止伊朗发展核武器，巩固美欧同盟关系。此外，欧盟官员正在考虑改革欧盟竞争法，以便更容易干预外国国有企业。其中，欧盟《国际采购工具》（提案）和《反经济强制工具（草案）》极有可能成为欧盟地缘经济战略的主要工具，草案的加快推进表明欧盟对抗大国经济竞争的决心与努力，相关政策工具将作为欧盟改变国际经济竞争规则的地缘政治工具，助力欧洲实现经济主权。

以《国际采购工具》为例分析。欧盟认为，欧盟现有的政府采购规则过于坚守自由贸易原则，然而其贸易谈判对手和竞争者却在自由进入欧盟市场的同时，拒绝对等开放。在世界经济下行，欧洲经济危机加剧的背景下，面对日益严峻的贸易环境，欧盟开始转变态度，试图打开所有对欧盟关闭政府采购市场或采取限制措施的国家的政府采购市场,并追求"实质上的对等"。2012年,欧盟委员会提交了《欧洲议会和理事会关于第三国货物和服务进入欧盟公共采购市场,以及支持欧盟货物和服务进入第三国公共采购市场的谈判程序的条例》[①],但没有获得欧洲理事会通过。2021年5月28日,欧洲理事会与欧洲议会就该提案进行磋商。目前该提案正在欧洲议会审议阶段。欧洲议会国际贸易委员会(INTA)副主席安娜·米歇尔·阿西马科普洛(Anna Michelle Asimakopoulou)认为,国际采购工具及其他相关措施旨在遏制不当竞争,为欧盟在新国际地缘政治贸易竞争中创造公平的竞争环境。欧盟新的、更加自信的贸易立场不仅是必要和务实的,也是最明智的行动方针[②]。欧洲商会坚信,欧盟迫切需要建立国际采购工具,其将成为欧盟不可或缺的贸易政策工具[③]。由此可见,《国际采购工具》正获得越来越多欧洲政界人士及企业的支持。

《国际采购工具》使欧盟形成了一套"审查—磋商—报复"的流程,欧盟委员会有权主动发起对第三国的审查,并对来自该第三国的供应商和产品采取临时性的价格惩罚措施。因此,《国际采购工具》可作为欧盟一种新的进攻性贸易工具,要求欧盟所开放的市场机会在额度上能够等同于贸易国所开放的市场,从而能够提高其与中国、印度、巴西、俄罗斯等在双边谈判时的谈判砝码。

再以《反经济强制工具》为例分析。反经济强制工具是欧盟委员会对试图通过经济压力影响欧盟政治政策的国家实施惩罚性制裁的工具。2021年12月8日,欧盟委员会正式公布了酝酿已久的《保护欧盟及其成员国免受

---

① 条例英文全称为 Regulation of the European Parliament and of the Council on the access of third-country goods and services to the Union's internal market in public procurement and procedures supporting negotiations on access of Union goods and services to the public procurement markets of third countries, 该条例亦称国际采购工具(International Procurement Instrument, IPI)。
② Anna Michelle Asimakopoulou, "IPI: Europe's new rules to level the playing field in the geopolitical trade game", September 8, 2021, https://www.theparliamentmagazine.eu/news/article/ipi-europes-new-rules-to-level-the-playing-field-in-the-geopolitical-trade-game.
③ "Statement on an EU international procurement instrument", Business Europe, April 14, 2021, https://www.businesseurope.eu/sites/buseur/files/media/position_papers/rex/2021-04-14_statement_on_international_procurement_instrument.pdf.

第三国经济强制》条例草案，旨在充实欧盟威慑和反制其他国家经贸限制行为的法律工具箱，简称《反经济强制工具》。欧委会执行副主席、贸易委员瓦尔季斯·东布罗夫斯基斯（Valdis Dombrovskis）表示："目前地缘政治紧张局势加剧，贸易日益成为对外打击的手段，欧盟及其成员国正成为经济胁迫的对象，欧盟需要适当的工具加以应对。"欧盟委员会进一步表示，"只有在联盟一级采取的行动，才能确保统一解决这一整个联盟所关切的问题"。欧委会在该法案中明确此工具目的，"为弥补'立法差距'……确保在第三国通过影响贸易或投资的措施，试图胁迫欧盟或成员国采取或不采取特定行为时，有效保护欧盟及其成员国的利益，以便在这种情况下做出反应，目的是阻止或使第三国停止这种行动，同时允许欧盟在最后的情况下反击这种行动……《反经济强制工具》加强了欧盟的工具箱，并将允许欧盟在全球舞台上更好地保护自己"。有了这一新工具，欧盟将能够以结构化和统一的方式应对经济强制的案件。

四、经济实力运用视角下欧盟对外政策的历史

根据康德拉季耶夫长周期以及欧盟一体化进程中发生的重大历史节点，本书将欧盟一体化及其外交政策的历史大致分为四个阶段（见表4-2）。

（一）欧洲力量的奠基阶段（1950—1967年）

在美苏两极对峙的背景下，我们往往容易忽视欧洲崛起这一重大的政治经济事件。20世纪50年代至60年代中叶是"欧洲大厦"打地基时期。这段时期也是欧盟经济力量、市场力量形成的阶段，奠定了欧盟财富的基础。

20世纪50年代是"欧洲大厦"建设的第一个高潮。1950年9月，法国时任外交部长罗伯特·舒曼首次提出《舒曼计划》，提出建立欧洲煤钢共同体，将生产武器的煤炭与钢铁置于一个统一的超国家机构中来统一管理，以期"永别了，武器"。这份由让·莫内起草，被罗伯特·舒曼接受并付诸实践的《舒曼计划》，是欧洲一体化的行动指南和纲领。《舒曼计划》中，罗伯特·舒曼向德国时任总理康拉德·阿登纳（Konrad Adenauer）建议共同掌

管成员国煤钢工业，免除相关关税，随即获后者同意。这意味着第二次世界大战结束后，正被英国占领并受战胜国委员会控制的德国鲁尔地区将重获发展的机会，但当时该地区大量的工业设备正在被拆除。1951年4月18日，法国、联邦德国、意大利、比利时、荷兰、卢森堡六国在巴黎签署了《欧洲煤钢共同体条约》。1952年7月25日，该条约正式生效。它是欧洲历史上第一次民族国家通过把部分权力委托给某一超国家的机构来开展国家间合作的范例。它使得法德关系得以大幅改善，标志着作为西欧联合先决条件的法德和解的开始。《欧洲煤钢共同体条约》的签订，标志着欧洲煤钢共同体正式成立。至1954年，这些国家的煤、焦炭、钢、生铁等的贸易壁垒几乎完全被消除。欧洲煤钢共同体先后制定一系列共同规章，监督卡特尔和调整企业合并。其中央执行机构决定价格、规定生产限额，并被授权对违反条约、规章的企业进行处罚。欧洲煤钢共同体使得"欧洲煤钢共同体计划"得以实现，以后又发展为欧洲经济共同体。1957年3月25日，在欧洲煤钢共同体的基础上，法国、联邦德国、意大利、荷兰、比利时和卢森堡六国政府首脑和外长在罗马签署《欧洲经济共同体条约》和《欧洲原子能共同体条约》，后来人们称这两个条约为《罗马条约》。同年7月19日到12月4日，六国议会先后批准了该条约。该条约于1958年1月1日生效。1967年，欧洲煤钢共同体、欧洲经济共同体、欧洲原子能共同体的机构合并，统称欧共体。这是欧洲一体化的重要里程碑，至此，欧共体已经成为一个重要的国际行为体，但还没有成长为一支重要力量。

（二）欧洲力量崛起前的"耐心等待期"（1967—1986年）

这是欧洲力量的崛起阶段，跟美国霸权的衰落正好同期，同步发展。从长周期视角观之，该阶段处于康德拉季耶夫长波第四长波的B阶段。这个阶段从1967/1971年开始，标志性事件是美元被迫与黄金脱钩的"尼克松冲击"、1973年开始的石油危机以及西方经济遭遇的滞涨现象。在第四长波的B阶段，出现经济上的萧条和发展停滞以及大国力量的升降。在大国权势转移方面，美国相对衰落，日本、西欧相对崛起，美日欧之间的竞争加剧。欧共体逐渐作为一支非军事的"民事力量"(civilian power),渴望在国际舞台发挥更大作用。

在这个长达40年的历史阶段,欧洲力量的崛起并非一帆风顺。从经济实力运用的视角出发,我们首先关注欧洲一体化对欧洲经济力量的影响。20世纪60年代至80年代中叶是欧洲一体化建设的低潮期。用"欧洲之父"让·莫内的话说,1964—1972年是欧共体发展的"耐心等待期"。当时发生了欧洲一体化历史上赫赫有名的"空椅子危机"。在1965年,欧洲经济共同体委员会主席、德国人哈尔斯坦试图将欧共体部长理事会的表决机制从全体通过制改为多数通过制,从而扩大欧共体委员会的权力。法国总统戴高乐对此坚决抵制,将法国驻欧共体代表召回,导致法国代表连续6个月缺席欧共体会议,致使欧共体工作瘫痪,史称"空椅子危机"。所以说,欧共体真正的大发展一直到1972年以后才得以实现。

当欧共体渡过了"空椅子危机"后,西欧经济却正在经历第二次世界大战后最大的衰退。第二次世界大战后的30年,可谓西欧资本主义经济的大发展时期。其中,1945—1971年,整个西方的资本主义经历了第二次世界大战后的异常繁荣时期[1]。但在此之后,资本主义世界经济遇到了周期性的变化,增长速度放缓、失业率上升、通货膨胀加剧、劳动者购买力下降;犹豫、焦虑、潜在的怒火;欧洲和美国的右派情绪发展[2]。美国经济学家巴里·艾肯格林(Barry Eichengreen)认为,1948—1973年是欧洲经济增长的黄金时代,是一种粗放型增长。但1973年以后,当欧洲经济进入集约型增长后,欧洲经济发展放缓[3]。

20世纪60年代末到80年代末,世界经济进入下行周期。从世界经济长周期的视角来看,20世纪60年代末、70年代初到90年代前后是康德拉季耶夫长波的第四长波B阶段,是停滞期。其间西方遭受了第一次石油危机

---

[1] 米歇尔·波德:《资本主义的历史——从1500年至2010年》,郑方磊等译,上海辞书出版社,2011,第239-250页。

[2] 米歇尔·波德:《资本主义的历史——从1500年至2010年》,郑方磊等译,上海辞书出版社,2011,第254页。

[3] Barry Eichengreen, *The European Economy Since 1945: Coordinated Capitalism and Beyond*, (Princeton University Press, 2007), p.2.

(1971—1973年)和第二次石油危机(1980—1981年)。欧洲经济亦受到重大影响。美国力量也经历了第二次世界大战后超强到越南战争后相对衰落,再到1989年冷战结束之后的重振。这些世界经济与国际政治格局的急剧变化,为欧共体外交战略的调整提供了重要背景。

在20世纪60年代中叶至80年代中叶这段世界经济发展的困难时期和欧洲一体化的停滞期,欧共体内部有关欧洲力量的讨论却进行得如火如荼。早在1972年,时任伦敦国际战略研究所所长的弗朗索瓦·杜舍尼(François Duchêne)首先提出"民事力量"(Civilian Power)的概念。他认为,在经济相互依赖增长的情形下,缺乏军事力量不再是欧盟的障碍,作为"民事力量"的欧洲,是新世界的新角色,发挥着非常重要的和建设性的作用[1]。事实上,从20世纪60年代末到80年代初,整个欧美都出现了一种自由主义的思潮,认为军事力量的重要性下降,经济相互依存度加强,经济力量的作用上升。在美国,出现了以约瑟夫·奈(Joseph Nye)和罗伯特·基欧汉(Robert Keohane)为代表的"新自由制度主义",提出了"复合式相互依赖"概念。他指出了"复合式相互依赖"的3项主要特征:众多渠道将各个社会关联起来、问题间缺乏等级、军事力量退居次要地位[2]。在英国,整个20世纪70年代可谓经济专家主导国际关系的年代。安德鲁·肖恩菲尔德(Andrew Shonfield)成为皇家国际关系研究所的主任;苏珊·史特兰奇(Susan Strange)成为伦敦政治经济学院国际关系学"掌门人";杜舍尼成为伦敦国际战略研究所所长[3]。他们都认为,经济已经在国际政治中发挥关键性作用。1976年,凯文·推切特(Kevin Twitchett)进一步定义"民事力量",认为"民事力量"虽然缺乏"军事力量",但能够通过外交、经济、法律手段影响其他国际行为体[4]。欧委会时任主席普罗迪在其任职之初的声明

---

[1] Duchêne F. (1972) "Europe's role in world peace", in R. Mayne (eds.) *Europe Tomorrow: Sixteen Europeans Look Ahead*, London, Fontana, pp32-37.

[2] 罗伯特·基欧汉、约瑟夫·奈:《权力与相互依赖(第3版)》,北京大学出版社,2002.

[3] Bull H., "Civilian Power Europe: A Contradiction in Terms?", *Journal of Common Market Studies*, Vol. 21, No.2, 1982, p.149.

[4] Duchêne F, "Europe's Role in World Peace", in *Europe Tomorrow: Sixteen Europeans Look Ahead*, ed. R.Mayne (London, Fontana, 1972), pp.32-37.

中就表示，欧盟的地位是一种全球性的民事力量——这是它在国际关系中的特定角色："在为全球可持续发展的服务中，我们必须以成为一种全球民事力量为宗旨；毕竟只有通过保证全球可持续发展，欧洲才能保证自己的战略安全。"如此便使"民事力量欧洲"（Civilian Power Europe）的概念有了欧盟官方的色彩[1]。"民事力量欧洲"的经济实力运用方略，其核心就是依托经济和市场的力量，来提升欧洲的国际影响力，弥补欧洲军事力量的不足。

在弗朗索瓦·杜舍尼的"民事力量"提出之后，这一概念一方面得到不断推进和加强，但另一方面不断遭到质疑。现实主义者倾向于认为，欧盟不是一个"大国"（great power）。一方面，是因为欧盟不是军事强权。马丁·怀特认为大国的标志有两个：一是拥有广泛的利益；二是能够以武力来保卫或者促进这些利益。这意味着随时准备开战[2]。英国著名历史学家艾伦·泰勒在《争夺欧洲霸权的斗争：1848—1918》一书中给大国下了一个军事色彩浓重的定义："大国，正如其名称所指，是谋求权力的组织，亦即最终诉诸战争的组织。它们也许还有其他目的——其居民的福利或者统治者的辉煌，但是它们根本的考验是看其是否有能力进行战争。"[3] 1982年，国际关系理论英国学派代表人物之一赫德利·布尔就对"民事力量欧洲"的概念提出质疑，认为"民事力量"这一术语本身就自相矛盾[4]。他认为作为一个整体的所谓"欧洲"还"不是国际事务中的一个角色"[5]。在赫德利·布尔提出此种观点的20世纪80年代初期，美苏核军备竞赛威胁着西欧安全，而且欧共体基本不具备自主的军事力量。因此，赫德利·布尔提出，欧洲必须在防务和安全方面建立起自给自足的体系，即认为建设"军事力量欧洲"远比"民事力量欧洲"要重要得多。从1991年一直持续到2000年的南斯拉夫

---

[1] Manners, I., "Normative Power Europe: A Contradiction in Terms?", *Journal of Common Market Studies*, Vol. 40, No.2, 2002, pp. 236-237.

[2] 马丁·怀特，赫德利·布尔，卡斯滕·霍尔布莱德：《权力政治》，宋爱群译，世界知识出版社，2004，第23页。

[3] Taylor A., *The Struggle for Mastery in Europe* (Clarendon Press, Oxford, 1954), p. xxiv.

[4] Bull H., "Civilian Power Europe: A Contradiction in Terms?", *Journal of Common Market Studies*, Vol. 21, No.2, 1982, p.151.

[5] Bull H., "Civilian Power Europe: A Contradiction in Terms?", *Journal of Common Market Studies*, Vol. 21, No.2, 1982, p.151.

内战，充分证明了依托软实力、民事力量的欧盟无法对南斯拉夫交战各方发挥任何显著的影响力①。另一方面，现实主义者不认为欧盟具有将其实力资源组合使用的能力或意愿。美国结构现实主义的代表人物肯尼斯·华尔兹认为，虽然欧盟拥有成为大国的所有工具，包括人口、资源、技术和军事能力，但缺乏将这些工具组织起来的能力和运用它们的集体意愿，因此欧盟不可能成为一个大国②。现实主义总体倾向于认为，欧盟在威斯特伐利亚体系中只能扮演二流角色。现实主义的思维方式将主要精力放在了研究大国和大国间军事力量上面。由于欧盟既非单一主权国家，也非军事强权，现实主义者对欧盟大国地位和国际作为并不看好。

但现实主义的观点并没有压倒"民事力量"的理念。理想主义和自由主义者对欧盟力量依然持乐观看法。他们大多认为，作为一支非军事和非主权力量，欧盟在很大程度上是美国的反模式。美国是一个军事霸权，而欧盟则主要依托非军事的实力资源，在国际舞台上发挥影响力。这种差异在2003年伊拉克战争期间体现得尤为明显，以法、德为代表的一大批欧盟国家对美国采取的军事入侵伊拉克的做法表示坚决反对。这种美欧力量性质的差异后来被美国新保守主义代表学者罗伯特·卡根概括为"美国来自火星，欧洲来自金星"③。

（三）欧洲力量的崛起期（1986—2008年）

20世纪80年代末90年代初，欧洲一体化获得了更大的发展空间④。1986年通过了《单一欧洲法案》，单一市场开始实施有效多数投票机制。1989年"德洛尔计划"通过，提出建设经济货币同盟。随着1986年西班牙、葡萄牙加入欧洲共同体（以下简称欧共体），欧共体成员国发展为12个，实力、地

---

① Hyde-Price A., "'Normative' power Europe: a realist critique", *Journal of European Public Policy*, 13: 2(2006), p.227.

② Waltz K., "Structural Realism after the Cold War", *International Security*, Vol. 21, No. 1 (Summer, 2000), p. 31.

③ Kagan R., *Paradise and Power: Europe and America in the New World Order* (London: Atlantic Books, 2003).

④ 唐家璇：《劲雨煦风》，世界知识出版社，2009，第302页。

位和影响不断扩大。1992年2月,欧共体12国正式签署《欧洲联盟条约》。因为这个条约是在荷兰边境城市马斯特里赫特签署的,所以又被称为《马斯特里赫特条约》。在经历了20世纪70年代末、80年代上半期经济的滞涨后,欧洲经济逐渐走出低谷,实力和信心大增。欧共体经济的复苏、一体化的迅猛发展,以及在戈尔巴乔夫"新思维"的推动下,苏联和中东欧正在发生的急剧变化,让欧盟对自身力量的性质出现了新的判断。日后被欧洲学者称为"规范力量"的欧盟身份正在逐渐形成。

从世界范围来看,经济学界把20世纪90年代至金融危机爆发前的世界经济称为"大缓和时期"(Great Moderation)。这期间世界经济的主要特征是:宏观经济不稳定被认为已经根除,低而稳定的通胀率与"可持续的"全球经济增长被认为可能会长期共存[1]。"华盛顿共识"、新自由主义政策大行其道。从权势转移的角度来看,美国实力恢复。冷战结束后,美国的自由民主世界观"一枝独秀"。欧盟一体化在这个阶段高速发展,欧元启动,欧盟实现了历史上最大规模的扩大,成员国总数达到25个。

进入21世纪后,自由主义和理想主义派内部出现了分野。其代表性观点来自北欧国际关系学者,认为欧洲正在超越威斯特伐利亚体系。瑞典社会学家戈兰·瑟尔鲍恩这样概括欧盟的对外影响:欧洲就是"世界的斯堪的纳维亚"[2],是有别于美国和日本的独特的民生实验室、法律区和社会-经济范例[3]。与此类似,但更具影响力的观点是丹麦学者伊恩·曼纳斯提出的"规范力量欧洲"(Normative Power Europe)[4]。伊恩·曼纳斯指出,"观念和规范的力量而不是经验力量"能够使人们更好地理解欧盟在世界政治中的作用[5]。伊恩·曼纳斯认为,"规范力量"源于五大核心规范(和平、自由、民

---

[1] 伞锋:《在危机中重新认识欧盟》,中国社会科学出版社,2015,第56页。
[2] Therborn G., "EU: World's Scandinavia...?" in *EU and New Regionalism*, Mario Telo, pp. 277-293.
[3] 马里奥·泰洛:《国际关系理论:欧洲视角》,潘忠岐等译,上海人民出版社,2011,第176页。
[4] Manners J. and S. Lucarelli, *Values and Principles in EU Foreign Policy* (London: Routledge, 2007).
[5] Iann Manners, "Normative Power Europe: A Contradiction in Terms?", *Journal of Common Market Studies*, Vol. 40, No.2, 2002, p. 238, 转引自洪邮生《"规范性力量欧洲"与欧盟对华外交》,《世界经济与政治》2010年第1期,第55页。

主、法治和尊重人权）和四个"小"的次级规范（包括社会团结、反歧视、可持续发展和善治）。在伊恩·曼纳斯看来，规范力量是一种规范和榜样，而不是物质性的经济和军事力量。这是"规范力量"与"民事力量""军事力量"之间最主要的区别。

尽管将欧盟视为"规范力量"的观点在欧盟内部非常流行，但远未成为主导性观点。"民事力量"的观点在欧盟内部依然占据主流，但出现了新的发展。其代表人物是法语布鲁塞尔自由大学的马里奥·泰洛（Mario Telò）教授。与过去乐观情绪不同，马里奥·泰洛的"民事力量"强调欧盟依然生活在威斯特伐利亚体系中。马里奥·泰洛认为，欧洲是国际关系新理念的实验室这一观点不能建立在以下两个基础之上：武断地认为欧洲的价值观具有优越性，或者不切实际地认为，欧洲作为一个后现代大陆与一个威斯特伐利亚的外部世界处于对立之中[1]。马里奥·泰洛将"民事力量"定义为"为影响公共和私人行为体的行为，使用一系列方式，主要是作为一个榜样和劝说，对外实施影响力的集体能力；但在一些领域，根据条约规定，可以通过施加压力、政治上设置多重前提条件来达到目的，并且使用有限的军事力量来实施和平和维和行动。（民事力量）是一整套复杂的劝说和压力行为，很大程度上基于（欧盟）内部双层政体的互动，对内是欧盟与成员国（特别是福利国家）之间的互动，对外是欧盟与一个总体上仍处于威斯特伐利亚体系的世界的互动"[2]。

上述文献梳理显示，自20世纪70年代以来，围绕欧盟权力性质一直存有争论，但所有这些有关欧盟权力的评述都存在一个"盲人摸象"的问题。"民事力量""规范力量""军事力量"，事实上都只是反映了欧盟权力的一个方面。之所以会出现这种"片面的深刻"，很大程度上是源于在欧盟发展的不同阶段，面临的内外部环境是不同的；不同的内外部环境对欧盟权力提出了不同的需求。20世纪70年代美苏关系缓和，与全球相互依存的发展，导

---

[1] 马里奥·泰洛：《国际关系理论：欧洲视角》，潘忠岐等译，上海人民出版社，2011，第178页。

[2] Telo M. 2009. "Introduction: the EU as a model, a global actor and an unprecedented power". In The European Union and Global Governance, Routledge/Garnet series: Europe in the World, edited by TelòM., p. 37.

致"民事权力欧洲"概念诞生；冷战终结进一步推动了有关欧盟权力性质的理想主义化的表述，出现了"规范性权力"等超越威斯特伐利亚体系的超自由主义理念。"民事权力"与带有超理想主义色彩的"规范性权力"的争论，主要焦点和理论分野在于欧盟是在威斯特伐利亚体系之内，还是已经超越了威斯特伐利亚体系。冷战后，苏联威胁的消失和2003年美国入侵伊拉克，让欧盟对其权力性质有了新的诠释和新的追求。这也是欧盟乐观主义情绪的顶点。但2008年以后，在面对欧洲主权债务危机、乌克兰地缘政治危机、叙利亚难民危机等多重危机的情况下，欧盟不得不承认当今世界依然是一个威斯特伐利亚的世界，对外依然需要与威斯特伐利亚体系打交道和开展权力政治。由此可见，有关欧盟权力的论述自20世纪50年代以来，在"军事力量欧洲""民事力量欧洲"和"规范力量欧洲"之间来回摇摆、循环往复。但欧盟到底是一个什么样的力量，至今无人能够说得清楚。

本书认为，长久以来，对欧盟权力的研究总体上存在机械主义和片面性的问题，即没有采取整体的、联系的和运动的方式看待欧盟权力的性质。传统对权力的认识，要么是硬实力，要么是软实力，要么是"军事实力"，要么是"经济实力"或"道德力量"，都忽略了一个关键性的"实力转化"[①]的问题，即没有哪一个国家是各领域的"全能冠军"，不可能在政治、经济、军事、软实力等方面都是世界第一。这一点即使是美国都无法做到。因此需要将实力资源在不同领域进行转移、"搬运"和调配。欧盟对外政策的主要矛盾是在一个日益复杂的威斯特伐利亚世界中，欧盟对权力的需求与其权力供给之间的矛盾，也就是过去曾经说过的"能力与期望值之间的差距"[②]。笔者着重思考的是，在欧盟内部实力资源多元化而总体或特定议题领域权力供给不足的情况下，欧盟有没有采取某种特定的方式，将其实力资源调配、综合使用。特别是考虑到欧盟在缺乏足够军事力量的情况下，是否能够将其经济、规范、制度等非军事的实力资源运用到高级政治领域，从而像大国一样

---

① 张晓通、王宏禹、赵柯：《论中国经济实力的运用问题》，《东北亚论坛》2013年第1期；张晓通：《中国经济外交理论构建：一项初步的尝试》，《外交评论》2013年第6期。

② Hill C., "The capability-expectation cap, or conceptualizing Europe's international role", *Journal of Common Market Studies*, Vol 31, No 3, 1993, pp.25-305.

行事。这里的核心问题就是欧盟经济力量向军事、政治力量的转化，是欧盟力量兴衰的财富-权力逻辑。

（四）欧洲力量的衰落（2008年至今）

康德拉季耶夫长波第五长波A阶段，2008年全球金融危机、2009年欧债危机爆发（见表4-1）。美国彼得森国际经济研究所高级研究员卡门·莱因哈特（Carmen Reinhart）和哈佛大学教授肯尼斯·罗格夫（Kenneth Gogoff）将这场危机的影响称为继20世纪30年代"大萧条"之后的"第二次大收缩"（the second great contraction）。在权势转移方面，西方出现相对衰落，民粹主义大幅上升，代表民粹主义的特朗普在美国上台，英国脱欧，欧盟遭遇多重危机，包括难民危机、地缘政治危机（乌克兰危机），经济复苏缓慢。欧盟总体可能走向"欧洲堡垒"，保护主义、民粹主义压力巨大。这突如其来的一系列复杂危机让欧盟一时手足无措，对欧洲一体化事业造成重大冲击，对欧盟的综合实力也造成了负面影响。

未来的欧盟是什么样子？根据世界经济长周期的轨迹与欧洲历史发展的逻辑，笔者认为，2025—2035年，欧盟可能逐步走向"欧洲堡垒"的形式。在康德拉季耶夫第五长波A阶段向B阶段的转化，可能有一个过渡阶段，这个过渡阶段很可能是在2030年前后。根据以往经验，这个过渡阶段将是矛盾集中爆发期。欧盟很可能无法抵御住内部保护主义和民粹主义的压力，贸易政策从自由主义沦为重商主义，或者说是经济民族主义。

具体而言，"欧洲堡垒"的基本特征有四个：一是机会主义的小规模对外扩张，吸纳西巴尔干国家和乌克兰入盟。二是内部逐渐出现分层，欧洲内部的"中心-边缘"结构已经形成，经济上的核心就是西欧国家，南欧和中东欧则是边缘和半边缘。离开了中心，边缘和半边缘国家必须找到新的"靠山"，否则活不下去。三是对外强硬执拗。在对外经贸政策方面，共同体将实施以"对等"为核心的防御性自由主义政策，强化贸易救济措施，实施欧盟外资审查机制，提出新的产业政策，很明显与新自由主义政策有所不同。防御性自由主义的核心是"对等"，但如果"对等"政策失败，欧盟可能会走向重商主义，后者的核心是保护主义。欧盟还将在金融、汇率、贸易、知识产权等诸多领域，与美国等有类似利益的国家联手，实施攻势经济外交，向发展中国家和新兴经济体施压，不排除最终会出现"美欧跨大西洋堡垒"（transatlantic fortress）的可能性。从更长远的未来看，美欧等西方国家会共同推进跨大西洋经济帝国主义联合体的构建。四是"外强中干"，内部并不团结，其权力内核还比较弱小，对民粹主义力量还需要做出妥协。在当前内忧外患之际，欧盟会越发地自我保护，在外部寻求假想敌，以增强内部团结。"欧洲堡垒"的对外谈判必定是强硬的，其策略也必定是马基雅维利式的，是策略性的，而非单纯基于价值观；但自由民主的价值观也绝不会被放弃[1]。在其对外谈判时，价值观与注重实际利益两者并不完全矛盾，而是会采取联系和挂钩策略[2]。

由此可见，在当前到2030年左右的这段时间，是欧盟经济实力运用的"大时代"，无论是出于价值观外交还是经济外交考虑，欧盟都需要从财富－权力逻辑出发，实现财富与权力之间的转化。能否实现转化，则受制于多重因素，尤其是欧盟内部的协调和外部冲击的影响。但不管最终效果如何，欧盟经济实力运用的历史大幕已正式开启，这将推动全球进入一个新的更具竞争和冲突性质的地缘经济时代。

表4-2 欧盟一体化及其对外政策的历史分段

时间段	欧盟经济治国方略的范式	欧盟一体化发展阶段	欧盟权力与对外政策模式
1945—1967/1971年康德拉季耶夫第四长波A阶段	自由主义	起步阶段：1950年《舒曼计划》、煤钢联营建立、1958年《罗马条约》	国际行为体，但还没有成长为一支重要力量
1967/1971—1986年康德拉季耶夫第四长波B阶段	自由主义	耐心等待阶段："空椅子危机"、20世纪70年代经济停滞、欧共体扩大（英国、爱尔兰、丹麦、希腊）	"民事力量"（Civilian Power）

---

[1] 张晓通、赖扬敏:《欧洲社会思潮的内在博弈与外在影响》,《人民论坛》2017年4月期刊。
[2] 张晓通、解楠楠:《联系权力：欧盟的权力性质及其权力战略》,《欧洲研究》2016年第3期,第1-29页。

续 表

时间段	欧盟经济治国方略的范式	欧盟一体化发展阶段	欧盟权力与对外政策模式
1986—2008年康德拉季耶夫第五长波A阶段	自由主义	重启阶段：1986年《单一欧洲法案》；"德洛尔计划"；欧盟扩大（西班牙、葡萄牙）；东欧剧变、苏联解体；冷战终结；1992年《马斯特里赫特条约》生效，欧洲联盟诞生；1999年启动欧元，欧盟扩大（奥地利、芬兰、瑞典）	"规范力量"（Normative Power）
2008—2025/2035年？康德拉季耶夫第五长波A阶段	从自由主义转向重商主义	危机阶段：全球金融危机爆发、欧债危机爆发、难民危机、地缘政治危机、极右翼势力崛起、英国脱欧	"联系力量"（Linkage Power）

后 记

  本书的初稿是在2022年3月至12月在上海完成的,但对经济实力运用的系统性思考则可以追溯到10年前的2012年年底。

  那时候我刚刚从政府部门转入学界。在商务部工作的12年,让我对国际经济谈判有了切身的感受。如果让我用一句话来概括这种感受,那就是决定一切国际经济谈判结果的关键,是经济实力的运用!最早让我对经济实力运用有直观认识的事件是2005年的中欧纺织品谈判,当时我在中国驻欧盟使团商务处负责纺织品业务。那时候是中欧关系的"蜜月期",但即使是在"蜜月期"的相互依存当中,依然有脆弱的一方;当时的中国因为高度依赖欧盟市场,就属于这脆弱的一方。欧盟依托其大市场,有效动员了其市场力量(经济实力的重要方面),在谈判中占据了有利地位。2011—2012年我在参与对美国的经贸谈判中,同样感受到了美国对实力的运用,而且这种实力是一种包括军事、外交、经济在内的综合实力。而2011年10月14日时任美国国务卿的希拉里·克林顿在纽约经济俱乐部做的经济实力运用(economic statecraft)主旨演讲,让我对经济实力运用概念产生了深刻印象。演讲中,希拉里·克林顿提出"实力运用"由两部分组成:一是利用武力和使用全球经济工具来加强美国外交和海外存在;二是通过外交和海外存在来促进美国国内经济增长[1]。

  2012年11月我从商务部调入武汉大学后,有了更多的时间思考经济实力运用问题。我与志同道合的王宏禹博士(对外经济贸易大学)和赵柯博士(中共中央党校)共同发起了《经济外交》电子期刊。在创刊号上我们写道:"如果中国有朝一日真的成了世界头号经济体,那么中国经济外交的理论研究必须是一流的,否则将无法运用这么多的实力资源,无法支撑起这么大的

---

[1] Hillary Clinton, "Economic Statecraft Speech", Economic Club of New York, New York City, October 14, 2011.

经济外交舞台,因而也无法真正成为世界一流的大国强国。"[①]从那时起,我们仨人就已经将"经济实力运用和转化"视为经济外交研究的核心命题,并致力于推动经济外交的理论化。

在推动经济外交理论化过程中,赵柯博士2012年在与我共同撰写《中美经贸关系若干重大问题及对策研究——欧洲经验的启示》一文时,最早发现了一个悖论,即国家经济实力上升,但其外部处境却变差。要解决这一悖论的关键则是实力运用[②]。2013年1月1日,我和王宏禹、赵柯在《东北亚论坛》上发表了《论中国经济实力的运用问题》,指出,中国近年来并未因经济实力的上升而在对外关系中处于明显的优势地位,反而在国际政治中受到越来越大的压力,"实力上升"和"处境变差"成为中国经济外交实践中愈加尖锐的矛盾。这主要在于中国的经济实力尚未充分利用,没有转化为对外关系中的实际影响力[③]。在此基础上,我逐渐认识到,经济实力(财富)向国际影响力(权力)的转化是经济外交的内核,并因此将经济外交定义为"财富与权力之间的相互转化"[④]。

2013—2014年,是国内经济外交研究的一个黄金期。2013年12月7日,由对外经济贸易大学、清华大学、武汉大学、外交学院四所高校的经济外交研究中心共同举办的"中国经济外交:理论、政策与研究"学术研讨会在对外经济贸易大学召开。会上,外交部国际经济司副司长刘劲松在主旨演讲中,从政策部门的角度系统地介绍了中国经济外交当前的整体布局与面临的问题。他强调,经济资源与外交资源的相互转化是不可偏废的两面。他还指出,面对新的国际形势,中国需要树立正确的义利观,不断培育国际制度性权力,实现经济实力的增加与外交运筹的有效转化[⑤]。也就在这次会议上,对外经济贸易大学、清华大学、武汉大学、外交学院四所高校的经济外交研

[①] 张晓通、王宏禹、赵柯:《刊首语》,《经济外交》电子期刊创刊号,2012年11月。
[②] 张晓通、王宏禹、赵柯:《刊首语》,《经济外交》电子期刊创刊号,2012年11月。
[③] 张晓通、王宏禹、赵柯:《论中国经济实力的运用问题》,《东北亚论坛》2013年第1期,第91页。
[④] 张晓通:《中国经济外交理论构建——一项初步的尝试》,《外交评论》2013年第6期,第49页。
[⑤] 王宏禹、李以恒:《经济外交:中国经济实力与政治影响力的相互转化——中国经济外交学界首届年会会议综述》,《经济外交》电子期刊2014年第6期。

究中心的主任一致同意筹建中国经济外交研究会。

2013年12月7日，由对外经济贸易大学、清华大学、武汉大学、外交学院四所高校的经济外交研究中心共同举办的"中国经济外交：理论、政策与研究"学术研讨会，地点：对外经济贸易大学

在2013年发现"实力–处境悖论"和提出经济外交的"财富–权力转化"命题之后，我、王宏禹和赵柯在2014年继续从事经济外交的理论研究。我们都感觉到中国的经济外交研究迎来了春天，赶上了时代机遇。这个时代机遇就是习近平总书记于2013年提出的"一带一路"合作倡议，经济外交因此也成为政策部门关注的重点。在此背景下，我与中国社科院《欧洲研究》编辑部的宋晓敏老师一起策划了一次以经济外交为主题的学术研讨会。为筹备那次在武汉大学举办的经济外交专题研讨会，我作为东道主做了精心的准备，但最重要的一次准备是我与王宏禹、赵柯在会前的一次彻夜长谈。我们一方面为中国经济外交的大发展感到欢欣鼓舞，另一方面我们都看到了当时中国经济增速明显放缓的势头。这让我们意识到财富与权力永远是一对矛盾，未来经济端向权力端的供给会遭遇瓶颈。会上发言我提出了经济外交的两个隐含前提：一是经济实力必须是充裕的；二是经济的实力资源必须是可以流动的。这次研讨会的成果最后汇聚成了《欧洲研究》的一期经济外交

特刊①。其中赵柯博士的那篇《试论大国经济外交的战略目标——美国经济外交与大英帝国的崩溃》掷地有声地提出，大国经济外交的战略目标就是要通过影响、修正和制定国际规则来塑造有利于本国的世界秩序②。

2014年8月我赴美国约翰斯·霍普金斯大学的高级国际问题研究院（SAIS）访学了一年。在2015年9月访学结束的报告会上我做了题为"经济实力运用历史范式"的主题报告，指出近代以来"经济实力运用"的历史范式有重商主义、自由主义、帝国主义和马克思主义。报告会由彼得·鲍特勒（Pieter Bottelier）教授主持，现场座无虚席，很多听众都是站着听的。那次报告会我至今印象深刻，我能感受到美国外交精英们对经济实力运用的高度重视，但当时美国人对经济实力运用的重视程度远不如特朗普上台之后。时至今日，经济实力运用已经成为美国外交和政商学界的显学，美国很多的一流智库和高校纷纷建立了"经济实力运用"的研究平台和专项课题。

2016年底到2017年初，我开始撰写题目为《财富与权力：经济治国术的理论构建》的学术文章（后改名为《从财富到权力：经济治国方略的理论构建》）。这篇文章写写停停，从2017年1月1日写到2022年2月7日，竟然持续了5年时间！中间数易其稿。最后我投稿给《外交评论》主编陈志瑞教授，他建议我将这篇3万多字的学术论文拓展成书，遂有了读者面前的这本《经济实力运用研究》。

对于那篇从2017年一直写到2022年的长文，我一直"耿耿于怀"，以至每次去参加中国经济外交学会年会的时候，我都会反复讲几乎同样的内容，感觉无法突破。我自己都很难理解为什么这篇文章的写作会如此艰难。现在想来，这篇文章之所以艰辛，很大程度上是因为我一直致力于构建出一个能把财富生产与财富运用、财富-权力转化融为一体的综合性理论框架。"economic statecraft"之所以翻译为"经济治国方略"+"经济实力运用"，实际上也是因为这个原因。"economic statecraft"在美欧人那里可能更多地是

---

① 详见"经济外交专题"，《欧洲研究》2014年第4期。
② 赵柯：《试论大国经济外交的战略目标——美国经济外交与大英帝国的崩溃》，《欧洲研究》2014年第4期，第63页。

实力运用问题，那是因为他们"家底厚"，但在中国等发展中大国这里，则必须首先有个"厚家底"，然后才能谈到实力运用。这也就是为什么我要将美国政治学已经摈弃的"statecraft"的国内层次捡回来，要强调"economic statecraft"，首先是以财富生产、经济增长为目标的经济治国方略，然后才是财富向权力转化的经济实力运用，这一点对发展中大国尤其关键，经济是实力运用的基础。

但这段漫长的写作煎熬期，也有一个明显的"好处"，即2017—2022年的5年恰恰见证了习近平总书记于2017年提出的"百年未有之大变局"。我们见证了中美经贸摩擦、新冠疫情和乌克兰危机。这让我更加看清了大国之间较量的本质是治国理政的竞争，是经济增长能力的竞争，也是经济实力运用的比拼。这也更加坚定了我创作《经济实力运用研究》一书的决心。

回顾这本书长达10年的酝酿，我要感谢的人很多。我首先要感谢王宏禹和赵柯，我们"三个火枪手"一起推进了经济实力运用的理论研究。

我要感谢中国经济外交研究会以及2014—2020年历届年会。我还要感谢我在武汉大学的各位师长和同事，他们是严双伍、邢瑞磊、葛建廷、胡德坤、何萍、阮建平、余振、曹亚雄、熊芳芳、熊晓煜。在这里，我要特别感谢我在武汉大学、人民大学的学生，我与他们教学相长。我还要感谢《外交评论》陈志瑞教授、《欧洲研究》宋晓敏教授、《东北亚论坛》许佳教授，还有跟我畅谈过经济实力运用的陈长华、史富敬，以及来自政策部门、企业界的同事，他们为本书创作提出了宝贵意见。感谢武汉大学"人文社会科学青年学者学术发展计划——'"一带一路"与经济外交理论创新'"（2016—2019）、国家社会科学基金重大项目"百年变局下的全球治理与'一带一路'关系研究"（项目编号：20&ZD147）的资助，以及2018年6月9—10日在武汉大学举行的"经济外交及其地缘政治影响"国际研讨会。我还要感谢我在复旦大学"一带一路"及全球治理研究院的各位同仁，特别是黄仁伟教授、刘慧芹老师以及柏晓重、黄鑫两位助研。

这本书的创作也离不开国外学者和同事，他们是戴维·鲍德温（David Baldwin）、罗伯特·基欧汉（Robert Keohane）、彼得·鲍特勒（Pieter

Bottelier）、尼古拉斯·拜恩爵士（Sir Nicholas Bayne）、斯蒂芬·伍科克（Stephen Woocock）和马艾克·冈野–海曼斯（Maaike Okano-Heijmans）。

特别感谢本书编辑、中国商务出版社的刘姝辰女士，为本书的出版做了大量细致认真且具有创造性的推动工作。

最后，要感谢我的家人，感谢他们的宽容、支持、鞭策和温暖的爱。

张晓通

2022年12月2日于上海浦东